통일의 눈으로 몽골을 다시보다

통일의 눈으로 몽골을 다시보다 - 나의 통일감성여행답사기

초판1쇄 인쇄	2023년 5월 17일
초판1쇄 발행	2023년 5월 30일
글·사진	강동완
펴낸곳	도서출판 너나드리
등록번호	2015-2호(2015.2.16)
주소	부산시 사하구 다대로 381번길 99 101동 1406호
이메일	simple1@daum.net
홈페이지	www.dahana.co.kr https://blog.naver.com/tongil0214
전화	051-200-8790, 010-6329-6392
팩스	0504-099-6392
책임편집	강동완
디자인	박지영
일러스트	권보미 박서인
교정	송현정

ISBN	979-11-91774-04-7(03340)
값	21,000 원

· 이 책은 저작권법에 따라 보호받는 저작물이므로 무단전재와 복제를 금지합니다.
· 이 책 내용의 전부 또는 일부를 이용하려면 반드시 저작권자와 도서출판 너나드리의 서면동의를 받아야 합니다.

통일의 눈으로
몽골을 다시보다

글·사진 강동완

PROLOGUE

들어가며

낡고 헤진 분단의 감정들을 싸매고 싶었다.
그리하여 무작정 그곳으로 달려갔다.

바람과 초원의 나라 몽골.

어쩌면 남북한은 다시는 만나지 못할 딱 이만큼의 인연일지도 모른다는 회의감에 젖어 모든 것을 내려놓고 싶었다. 그 때 광활한 몽골의 초원 앞에서 마음을 다잡았다.

수없이 많은 날 동안 몽골 땅을 밟으며 단 하나의 의미만은 꼭 담으려 했다. 이 작은 발걸음이 부디 분단의 골짜기를 차곡차곡 메워가는 몸짓이기를, 우리 생애 찬란한 통일의 봄날을 마주하기를…

〈통일의 눈으로 00을 다시보다〉 시리즈 해외편의 첫 번째 장소였던 교토에 이어 두 번째로 몽골을 선택한 건 특별한 이유 때문이다. 북한은 압록강과 두만강을 사이에 두고 러시아, 중국과 국경을 맞대고 있다. 몽골 역시 러시아, 중국과 국경을 이룬다. 몽골의 수도 울란바타르에서 기차를 타고 북쪽으로 9시간을 달려가면 러시아와 마주한다. 바이칼 호수까지 이르는 강줄기가 국경이다. 그 반대인 남쪽으로 12시간을 가면 중국 국경이 펼쳐진다. 몽골종단철도는 중국횡단철도, 시베리아횡단철도와 연결되어 대륙으로 향하는 통일의 꿈을 잇는다.

사회주의 진영에 속했던 몽골은 소련에 이어 두 번째로 북한과 공식적으로 수교를 맺었다. 그래서일까? 몽골의 수도 울란바타르에 우뚝 솟은 여러

건물은 마치 평양을 연상케 한다. 예를 들어 수도의 상징이자 중심가인 수흐바타르 광장에 서면 북한 김일성 광장 한복판에 서 있는 듯하다. 몽골 국립오페라극장은 평양 모란봉극장을 빼닮았다.

지난 6.25전쟁 당시 북한은 200명의 전쟁고아를 몽골로 보냈다. 그때 아이들이 머물렀던 학교 건물은 지금도 그대로 남아 있다. 전쟁통에 부모를 잃고 홀로 눈물짓던 아이들의 모습은 이제 보이지 않지만, 전쟁의 아픔을 기억하기에는 충분한 장소다.

초원과 사막이 대부분인 몽골에서 기암괴석으로 수놓은 테를지 국립공원은 또 어떠한가? 일만 이천 봉우리까지는 아니더라도 마치 초원에서 금강산을 보는 듯한 착각이 들 정도다.

섬유의 보석이라 불리는 캐시미어는 몽골의 대표 특산품이다. 몽골을 찾는 관광객이라면 반드시 들른다는 한 캐시미어 공장에는 한때 800여 명의 북한 노동자가 일했다.

밤하늘 은하수를 찾아 떠난 몽골의 사막여행은 분단인에게는 생과 사를 갈랐던 탈북 루트라는 의미로 시리게 다가온다.

몽골 주재 북한대사관에서 직접 운영한다는 해외 북한식당 〈평양백화관〉의 문은 굳게 닫혔다. 하지만 문앞에 '공사중'이라는 한글로 쓴 안내문은 언젠가 다시 열려 손님을 맞을 시간을 기대하는 듯하다.

풀 한 포기조차 자라지 않을 것 같은 황량한 사막 한복판에 한국 기업이 조성한 광활한 소나무 숲은 바람도 머물러 가는 녹색의 쉼터로 변했다. 황무한 북한 땅을 부흥케 할 남북한 산림협력을 위한 지혜를 구하기에 더없이 의미가 있다.

울란바타르 광장 한가운데 서 있던 레닌 동상은 개인 수집가의 손에 이끌리어 어느 호텔 장식물로 채워진 지 오래다. 사회주의 길을 걸었던 몽골의 과거는 북한의 오늘이다. 민주화 과정을 지나 사회주의 체제전환을 이룬 몽골의 오늘은 바로 북한의 미래가 될 것이다.

몽골사람들은 한국을 무지개의 나라로 부른다. 그 무지개가 한국(남한)뿐만 아니라 북한에도 이어지기를 간절히 소망할 뿐이다. 영하 40도까지 떨어지는 몽골의 겨울밤은 유독 춥고도 길었다. 하이얀 입김이 금세 서릿발처럼 얼굴에 내려앉는다. 춥다는 단 한마디 말로는 혹한의 날씨를 표현하기에는 부족했다. 그래도 몽골사람들에게 겨울은 푸른 초원이 다가오는 기다림의 시간이다.

매월 한 번씩은 몽골땅을 밟기 시작해, 일 년 열두달 동안 몽골의 계절을 모두 바라봤다. 어느 달이 가장 기억에 남느냐 물으신다면 단연 12월이라 말하고 싶다. 황금빛으로 물드는 가을의 초원도, 막 피어난 푸릇한 잎을 찾아 무리 지어 가던 양떼를 바라본 봄날의 몽골도 최고였지만, 오히려 아무것도 없는 그래서 더욱 빛이 났던 한겨울 몽골이 내내 가슴에 깊이 새겨진다. 몽골의 겨울은 분명 우리네 시간과는 달랐다. 뽀드득거리며 눈길을 밟던 그 순간의 기억은 하이얀 설원에 뿌려진 은빛 가루처럼 보였다. 그토록 긴긴 겨울의 시간을 끝내 이겨내고 광활한 초원은 또다시 새봄의 생명을 품었다. 분단의 겨울도 끝내 견뎌내야 하는 것임을…

  그 장엄한 대지에서 통일 대업이라는 마음을 넉넉히 품을 수 있었다. 섬나라에 갇혀 서로를 증오하고 적대시하는 반목이 아니라, 소와 양과 말이 먹을 풀을 지천으로 내어주는 그 넓디넓은 초원을 바라보며 다름을 품을 수 있는 넉넉함을 배운다.

  헤어져 살아가는 사람들의 아련한 그리움이 아픔으로 새겨지는 분단의 조국으로 다시 돌아간다. 언제일지 모를 막연함이 아니라 곧 상봉의 그날이 올거라고 위로하는 자의 마음이 실언이 되지 않기를 그저 바랄 뿐이다. 지금 이 순간에도 북한에 두고 온 어머니를 그리며 매일 밤 홀로 눈물짓고 있을 그들에게 이 책을 바친다.

2023년 4월 마지막날,
내 심장의 메아리를 '추억'하며 강동완 쓰다

CONTENTS

들어가며 ···04

1부 **울란바타르** ···16

- 01 칭기즈칸 국제공항 ···20
  초원 위 아스팔트
- 02 북한 전쟁 고아원 ···24
  몽골로 보내진 아이들
- 03 자이승 전승탑 ···32
  북한의 모자이크벽화
- 04 이태준선생 기념공원 ···42
  몽골초원에 잠든 애국지사
- 05 주몽골 북한대사관 ···46
  북한 외교관의 삶을 엿보다
- 06 구)북한대사관 ···54
  한국으로 가려는 사람들
- 07 칭기즈칸 박물관 ···60
  북한대사관이 보인다(?)
- 08 국립대학교와 1호 세종학당 ···66
  분단의 지도

09	**국립박물관** ⋯70	
	사회주의는 역사의 뒤안길로	
10	**수흐바타르광장? 칭기즈칸광장?** ⋯78	
	누구의 역사를 기록할 것인가?	
11	**국립오페라극장** ⋯86	
	평양 모란봉극장을 닮다	
12	**국립미술관** ⋯90	
	정치선전장의 재탄생	
13	**고비(Gobi) 캐시미어** ⋯94	
	북한노동자들의 흔적	
14	**국영백화점** ⋯96	
	100년의 역사와 현재의 평양	
15	**서울의 거리** ⋯102	
	민주와 자유의 상징	
16	**평양백화관** ⋯106	
	그 많던 북한식당은?	
17	**북한 의사 협력병원** ⋯110	
	성씨는 Kim(김)	
18	**어린이회관** ⋯116	
	세상에 부럼없어라?	

19	**울란바타르 기차역** ···120
	대륙을 잇는 관문

20	**나랑톨 시장** ···124
	북한 장마당을 떠올리다

21	**철도박물관** ···138
	조선직업총동맹 휘장

22	**아스탄볼락** ···146
	북한 학교 건물의 흔적을 찾아서

23	**테를지국립공원** ···154
	초원의 나라에서 엿본 금강산

2부 **수흐바타르** ···190

- 01 알탄불락 ···206
  국경의 작은 마을
- 02 새흐니 흐틀 ···210
  바이칼 호수로의 여정
- 03 허여니 엘스 ···216
  '탈북자'와 '한국 관광객'
- 04 셀렝게 주 박물관 ···220
  몽골의 국민영웅
- 05 유한킴벌리 숲 ···224
  남북한 산림협력을 위한 가늠자

 3부 **자민우드** ···228

북경-울란바타르-모스크바로의 여정

MAP

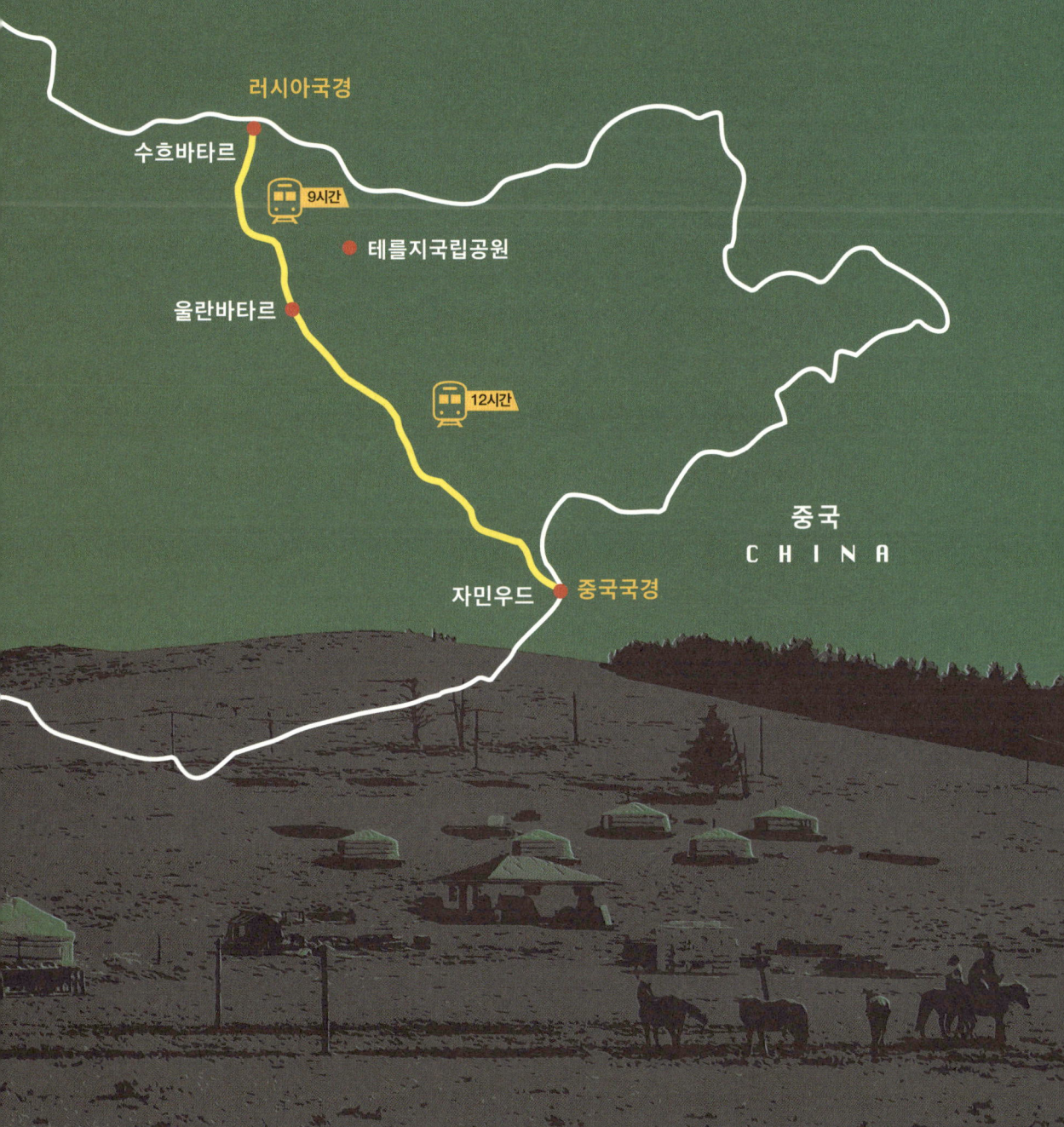

칭기즈칸 공항에 눈이 내리던 날

01

칭기즈칸 국제공항

초원 위 아스팔트

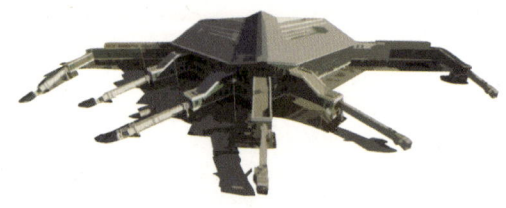

그해 여름, 생애 처음으로 몽골과 마주했다. 북한을 연구하는 학자가 어떻게 몽골을 한 번도 가본 적이 없냐며 핀잔을 주던 지인의 다그침에 떠밀려 무작정 떠난 걸음이었다. 홀로 여행 가방 하나 짊어지고 몽골 칭기즈칸 국제공항에 들어섰던 그 순간은 아직도 기억에 생생하다. 한여름 뜨거운 태양이 생기를 더하고 광활한 초원과 사막을 품은 대륙의 기상으로 하늘은 푸르렀다.

사계절이 바뀌는 동안 한 달에 한 번꼴로 몽골 땅을 밟을 때마다 공항에서 마주하는 몽골의 풍경은 매번 새롭고 낯설었다. 앞이 보이지 않을 정도로 함박눈이 쏟아질 때면 이륙하지 못하는 비행기에 앉아서 한참이나 하늘이 열리기만을 기도하며 기다렸다. 조그만 비행기 창문 사이로 하염없이 쏟아지던 하얀 눈발은 광활한 초원을 모두 덮을 만큼 위세 등등해 보였다. 그렇게 칭기즈칸 국제공항은 몽골 출장의 길잡이가 되어 주었다.

몽골 여행의 관문이라 해야 할까? 몽골을 상징하는 '칭기즈칸'이라는 이름은 공항에서부터 마주하는 첫인사였다. 코로나 19로 전 세계가 국경을 꽁꽁 걸어 잠그던 2021년 7월 즈음, 오히려 몽골에서는 신공항이 문을 열었다. 기존 공항은 칭기즈칸의 이름을 신공항에 내어주고 '보얀트 오하공항'(구공항)이라는 이름으로 바뀌어 국내선만 운영하는 곳

칭기즈칸 국제공항으로 향하는 고속도로 나들목

이 되었다. 몽골 신공항 건설은 일본 자이카(JICA)에서 차관을 제공했다. 일본 기업과 몽골 국영기업 뉴울란바타르 국제공항이 합작회사를 설립해 공항을 운영한다. 그래서일까? 몽골과 일본의 협력관계를 잘 보여주는 조형물이 출국장 바로 앞에 설치되었고, 이 공항을 이용하는 사람들이면 누구나 이곳에서 기념사진을 찍는다. 연간 300만 명의 승객이 이용하는 규모로 대한항공, 아시아나, 에어부산, 미아트 몽골항공, 중국국제항공 등 14개 항공사가 취항한다.

칭기즈칸 공항 출국장 앞에 설치된 몽골과 일본간 우호의 상징

공항에서 울란바타르 시내를 연결하는 길

신공항이 들어선 지역은 신도시 건설이 예정되었지만, 지금까지 공항건물 외에는 아무것도 없다. 공항과 울란바타르 시내를 연결하는 왕복 6차선 고속도로만이 초원 위에 길을 내었다. 광활한 초원 한가운데를 지나는 아스팔트 도로는 세상과 문명에 접속하고자 하는 몽골의 기상을 닮은 듯하다. '대륙으로의 초대'라 표현하고 싶을 만큼 공항을 출발해 시내까지 이르는 길은 하늘의 융단처럼 시원스레 연결되었다. 푸른 하늘이 지평선에 내려앉으면 어디가 하늘인지, 땅인지 구분이 안 될 만큼 모든 것이 푸르고 싱그러웠다. 그렇게 몽골에서의 첫걸음은 초원 위 아스팔트에서부터 시작된다.

왕복6차선 고속도로는 오직 공항과 시내를 연결하는 한길이다

여행자의 팁(tip)

　신공항이기 때문에 시내까지 가는 차편이 많지 않다. 울란바타르 시내에도 지하철이 없기 때문에, 공항에서 시내까지 전용 열차나 트램을 기대하는 건 무리다. 결국, 시내까지 가는 차편은 택시와 공항셔틀버스가 유일하다. 출국장을 나오면 가장 먼저 반겨주는 이는 역시 낯선 방문객을 위한 택시기사의 호객이다. 칭기즈칸 공항에서 울란바타르 시내까지는 택시기사에 따라 다르지만 약 8만에서 12만 투크릭(한화 32,000원에서 48,000원) 정도의 요금이 적정선이다. 물론 세계 어느 공항에서나 존재한다는 바가지요금을 만나면 100달러를 부르는 기사도 있다. 시간의 여유가 있다면 공항을 둘러보고 1층 도착층이 아닌 3층 출발층으로 올라가자. 3층은 출국을 위해 배웅하러 나온 사람들이 많다. 택시요금이 8만 투그릭 정도니까 5만 투그릭 정도로 시내까지 태워달라고 하면 기꺼이 자리를 내어준다. 몽골에서는 모든 자가용차가 택시 영업을 할 수 있다. 공항에 배웅하러 왔다가 집까지 돌아가는 길에 어차피 빈 차로 가기 때문에 서로에게 유익하다. 여행경비를 조금이라도 아낄 수 있고, 새로운 친구를 만날 수 있는 기회이기도 하다. 몽골어를 사용하지 못하는 건 전혀 문제 될 게 없다. 세계 어디서나 통한다는 바디랭기지면 만사 오케이. 더욱이 딱 한 마디만 할 줄 알면 된다. 울란바타르~~~ 고(Go).

02 북한 전쟁 고아원

몽골로 보내진 아이들

6.25전쟁 당시 북한에서 몽골로 전쟁고아를 보냈다는 말을 듣고 처음에는 믿어지지 않았다. 영화 〈폴란드로 간 아이들〉을 통해 동유럽으로 전쟁고아들이 보내졌음은 익히 알려진 사실이다. 당시 공산주의 진영에 속했던 체코, 헝가리, 폴란드 등 동유럽 국가들은 북한의 전쟁고아를 돌봤다. 그런데 경제 상황이 좋지 않았던 몽골에서도 북한 고아를 돌봤다는 점은 선뜻 이해되지 않았다. 그것도 200명이나 되는 전쟁고아를...

> 1952년 6월 중순 무렵에 외교부 청사에서 개최된 한 면담 석상에서 삼보 몽골 외교부 차관이 노동자들, 여러 사회단체들 가운데 조선 고아들을 받아들여 키워주자는 운동이 꽃을 피우고 있는 것에 대해 언급했다. 그리고 몽골 정부가 200명의 조선 고아들을 받아들여 양육해 주기로 결의했다는 사실을 김영진 대사에게 통보했다. 이어서 백남운 조선 교육상이 몽골 정부의 주도적 계획을 고마워하며 지지하는 답신을 몽골 측에 보내와 조선 고아들은 몽골로 오게 되었다(페.우르쥔훈데브(초대 주한몽골대사), 〈한반도에 몽골을 심다〉 중에서).

그 당시 아이들이 생활하던 고아원(학교) 건물이 지금까지 그대로 남아 있다는 말에 내심 설레는 마음으로 발걸음을 재촉했다. 울란바타르 중심가를 조금 벗어나 자이승 전승탑으로 향하는 길은 곳곳에 대형 건설장이 눈에 띄었다. 고층아파트와 별장이 들어서고 새로운 건설붐으로 어디를 둘러봐도 요란한 대형크레인 소리가 하늘을 찌를 듯했다.

몽골 하면 제일 먼저 드넓은 초원이 연상되지만, 울란바타르는 수도로서의 변모를 갖추며 날로 변화를 거듭하고 있었다. 건설현장을 오가는 대형 차량이 즐비한 좁은 길을 돌아가니 고층아파트 사이로 다행스럽게(?) 낡은 건물 하나가 눈에 띄었다. 연립주택처럼 보이는 2층짜리 낮은 건물 두 동은 한창 개발붐이 이는 대형아파트 사이에서 외딴 섬처럼 홀로 그 자리를 지키고 있었다. 북한 전쟁고아들이 생활하던 빛바랜 건물은 역사의 흔적으로 남아 그때를 대변하는 듯했다.

아쉽게도 울타리로 경계선이 놓여 더는 안쪽으로 들어갈 수 없었다. 그저 먼발치에서나마 건물을 바라봤다. 내부까지는 들어갈 수 없더라도 최대한 가까이에서 아이들의 흔적을 찾아보고 싶었다. 건물 관리인에게 간신히 부탁해 그나마 근처까지 가서 몇 장의 사진을 담을 수 있었다. 벽돌은 이리저리 뜯겨나가고 여러 번 덧칠을 한 페인트도 곳곳에 벗겨져 아쉬움을 더했다.

건물 앞 너른 정원에서 뛰어다녔을 아이들의 모습이 눈에 그려졌다. 전쟁 중에 부모를 잃고 혈혈단신 낯선 곳으로 보내졌을 아이들은 무엇을 꿈꾸고 노래했을까? 고층건물 공사장에 둘러싸여 언제 허물어질지 모르는 지금의 건물처럼 그들의 운명도 하루하루가 위태한 날들이었을 게다.

70여 년 전 흑백사진 속 고아원

　건물을 둘러보던 중에 현지 관계자로부터 그 당시 학교 모습이 담긴 흑백사진 한 장을 구할 수 있었다. 지금이야 아파트 건설로 새롭게 개발되는 지역이지만, 당시만 하더라도 그야말로 도심을 벗어나 허허벌판에 건물 하나 덩그러니 세워진 외딴곳이었다. 부모를 잃은 어린아이들이 의지할 거라고는 현지 선생님들뿐이었다. 말도 통하지 않는 낯선 나라에 왜 보내졌는지도 모른 채 그렇게 그리움으로 채워지는 시간이었다. 난리 통에 겪었을 공포가 엄습해 오는 밤이면 제대로 잠을 이루지 못했고, 따스한 엄마 품속이 그리운 어린아이들은 그야말로 마음 둘 곳이 없었다.

흑백사진 속 북한 고아원 건물

당시 고아원에서 요리사로 일하며 아이들에게 엄마가 되어주었다는 현지인이 지금도 생존해 있다고 했다. 더 놀라운 건 그 때 이곳에서 생활하던 고아 중 북한으로 돌아가지 않고 몽골에 남게 된 아이가 있다는 말도 들었다. 물론 지금은 백발의 노인이 되었을 그 누군가였다. 몇 번이고 만남을 제의 드렸지만, 남한에서 온 낯선 이와의 만남을 쉬이 허락해 주지 않았다. 두어 번 말씀드리고는 더는 마음을 불편케 해 드리고 싶지 않아 그만두었다. 북한에서 태어나 몽골로 보내진 전쟁고아가 한평생 몽골인으로 살면서 그의 삶은 어떻게 채우고 비워졌을까? 남한 사람과의 만남이 부담스러운 것은 여전히 우리가 남북으로 갈라진 분단 조국임을 그도 너무 잘 알기 때문이지 않을까. 그가 북한으로 돌아가지 않고 몽골인의 신분으로 남게 된 사연과, 또 그런 신분으로 살아오며 겪었을 숱한 날들의 기억을 애써 도려내고 싶지 않았다.

자이승 전승탑에서 내려다본 학교

자이승 전승탑에서 내려다보면, 고층 빌딩 사이로 핑크빛 건물 하나가 한눈에 들어온다. 몽골을 찾는 한국인 관광객들이 자이승 전승탑을 필수 코스로 들르지만, 그곳에서 내려다보이는 핑크빛 작은 건물이 바로 북한 고아원이었다는 사실은 잘 알지 못한다. 누구도 이야기해주지 않지만, 굳이 알려고 하지도 않는다. 70여 년의 시간이 흘렀고, 북한의 전쟁고아가 잠시 머물렀던 장소는 한국 관광객에게 그리 관심 둘 곳은 아니었다.

자이승 전승탑에서 내려다본 북한 고아원 건물

그곳은 한반도 분단의 아픔과 역사적 상처가 고스란히 배어있는 곳임은 분명하다. 따스한 엄마 품이 그리워 매일 밤 눈물로 지새웠을 아이들의 울음소리는 더이상 들리지 않지만, 우리는 여전히 분단의 신음을 듣는다. 건설붐이 이는 지역에서 저 건물도 이제 볼 날이 얼마 남지 않았다는 생각이 들었다.

비록 북한 고아들이 머물렀던 학교라 하더라도 전쟁의 상흔이 고스란히 담긴 그 건물이 허물어지지 않았으면 하는 바람을 담아본다. 북한 당국이 그 건물을 매입하고 관리하는 건 어려울 것이다. 무엇보다 경제적 여력도 없어 보인다. 그렇다고 우리 정부가 그 건물을 관리할 만한 명분이 있을 것 같지도 않다. 전쟁 중 아이들의 신세와 다를 바 없는 것처럼 보이는 건물의 운명 앞에 다시 마음이 아려온다. 북한의 아이들을 기억하자는 것이 아니라 한국전쟁으로 상처 입은 그때의 아이들을 기억하자는 마음이다.

김일성이 다녀갔다는 곳

전쟁 중 고아를 받아준 몽골 정부에 감사를 표하기 위해 김일성이 직접 이곳에 왔었다고 한다. 부모를 잃고 어디로 가는지도 모를 기차에 태워져 몇 날 며칠을 숨죽여 보냈을 아이들의 마음을 그도 조금이나마 알아보았을까? 당시를 기록한 흑백영화 속 한 장면에서 김일성은 아이들을 품에 안고 연신 웃고 있었다. 전쟁을 일으킨 자가 전쟁으로 고아가 된 아이들을 향해 보내는 웃음은 더없이 잔인했다.

아이들이 뛰어놀았을 그 교정에는 지금도 하얀 민들레가 피어났다.

건물은 바스러지고 기억은 떨어져 나갔다
기둥 사이에 피어난 꽃은 그때도 지금도 그 자리를 지키지만,
이제 더는 아이들의 소리를 들을 수 없다

03 자이승 전승탑
북한의 모자이크벽화

　북한 고아원 건물을 둘러보다 문득 고개 들어 하늘을 올려다보았다. 야트막한 산 위에 우뚝 선 탑이 하나 보인다. 몽골을 대표하는 유명한 관광지라는 말을 듣고 북한 고아원 건물을 나와 그곳을 찾아 가보기로 한다.

　북한 고아원이 들어선 곳은 자이승산 근처였고, 그 산 정상에 바로 자이승 전승탑이 자리하고 있었다. 수백 개의 계단이 꼭대기까지 까마득히 연결되었다. 처음 이곳을 찾아갔을 때는 숨이 헉헉기릴 만큼 그 계단을 길어서 정상에 올랐다. 자이승 전승탑으로 향하는 표지판 하나만 보고 무작정 걸었던 탓이다. 나중에 안 사실이지만 단체관광을 오면 차량이 자이산 중턱까지 올라갈 수 있다. 또한 자이승 전승탑 앞에 우뚝 선 백화점 내부 승강기를 이용하면 쉽게 오를 수 있다. 흑백사진 속에서 봤던 그 시절의 허허벌판이 아니라 지금은 새로운 개발지역이다 보니 '자이승힐(Zaison Hill)'이라는 대형백화점과 고층 아파트가 빼곡히 들어섰다. 백화점 8층까지 승강기를 타고 올라가면 자이승 전승탑과 연결되는 구름다리가 보인다. 투명한 강화유리로 만든 다리는 8층 높이의 절벽 위를 걷는듯한 스릴을 안겨 온다.

산자락 뒷편에서 바라본 자이승 전승탑

자이승 전승탑에 오르는 계단

전통과 현대, 부자와 빈자의 경계일까? 울란바타르 시내 아파트 지구와 산 비탈에 형성된 빈민촌이 경계를 이룬다

자이승 전승탑에서 내려다보면 울란바타르 시내가 한눈에 들어온다

백화점 실내에서 자이승 전승탑에 오르는 계단과 연결된 유리 다리

자이승 전승탑 입구에 세워진 기념 조형물

기념탑 외벽에 새겨진 조형물에는 구소련을 상징하는 CCCP가 선명히 조각되어 있다

자이승 전승탑은 몽골과 러시아 연합군이 제2차 세계대전에 참전하여 승리한 것을 기념하기 위해 만든 타워형 전망대다. 사회주의 50주년 기념으로 1971년 구소련에서 직접 지어준 것으로, 제2차 세계대전 승전기념일인 매년 5월 8일이면 러시아군 관계자가 이곳을 방문한다고 한다. 울란바타르를 찾는 관광객이면 반드시 들르는 곳으로, 이곳에 서면 울란바타르가 한눈에 내려다보인다. 그래서 울란바타르 전망대로도 불린다.

1939년 몽골과 만주의 국경지대 할하강에서 몽골과 소련 연합군은 일본의 최강 제6군단 관동군을 상대로 5월과 7월 두 차례의 전투에서 모두 승리한다. 이는 일본군의 최초 패배이며 전쟁사에서 매우 중요한 사건으로 기록된다. 많은 수의 포로가 잡혀 일부는 몽골에서 노역에 동원되었고, 대부분 시베리아 수용소로 보내진다. 제2차 세계대전 당시 소련 측 총사령관이며 전쟁영웅 주코프 원수(베를린을 점령하고 독일로부터 항복을 받아냄)가 이 전쟁의 2차 전투에서 전권을 쥔 책임자로 커다란 성과를 이루고 군 최고책임자의 지위까지 오른다. (출처: 박병욱, <MONGOLIA: Nomadic by Nature(한국어판) 중에서)

전승탑 전면에는 '한 손에 총을 들고, 다른 한 손에는 깃발을 높이 든 장병'의 모습이 보인다. 반지 모양의 탑 안쪽에는 모자이크 벽화로 몽골과 소련 간의 우호를 상징하는 조각상이 새겨져 있다. 1917년 볼세비키 혁명, 1921년 몽골의 독립, 몽골에 입성하는 러시아군을 환영하는 장면, 일본과 독일 패망, 소련과 손잡은 몽골, 전후 평화를 상징하는 비둘기 등 시대별로 표현된 조각상이 한편의 파노라마처럼 펼쳐진다.

북한의 '모자이크벽화를 모시었다?'

전승탑 안쪽에 새겨진 모자이크벽화를 보며 문득 북한의 로동신문 기사가 하나 떠올랐다. 대략 2-3주 간격으로 북한 로동신문에는 똑같은 구조의 기사가 실린다. 어느 특정 기관, 기업소나 마을에서 모자이크벽화를 새로 모시었다는 내용이다. 북한에서 모자이크벽화는 영생탑과 함께 가장 신성한 장소로 우상화되어 있다. 어느 마을이나 영생탑과 모자이크벽화가 설치되지 않은 곳은 없다. 김일성과 김정일, 김정은의 현지지도 모습을 형상화한 것으로, 수천 개의 작은 타일을 일일이 붙여서 만든 것이다.

기념탑 안쪽에는 주요 역사적사건을 형상화한 모자이크 벽화가 장식되어 있다

로동신문

조선로동당 중앙위원회 기관지

위대한 수령 김일성 동지와 위대한 령도자 김정일 동지의 영상을 형상한 모자이크벽화를 함경북도 여러 단위에 모시였다

"혁명의 성산 백두산에 오르시여 무궁 번영할 주체조선의 밝은 미래를 축복해주시는 위대한 수령님과 위대한 장군님의 자애로운 모습을 형상한 모자이크벽화《백두산에 오르시여》가 청진뻐스공장에 모셔졌다"

"김책시 학성협동농장에 모셔진 모자이크벽화《만풍년》에는 찬눈비 내리는 농장길, 포전길을 걷고 걸으시며 사회주의문화농촌건설의 새 력사를 펼쳐주신 어버이 수령님과 위대한 장군님에 대한 다함 없는 경모의 정이 뜨겁게 어려있다"

"온성지구탄광련합기업소 학포탄광의 근로자들은(중략) 모자이크벽화를 모시는 사업에 지성을 다 바치였다"

북중국경에서 촬영한 어느 북한 마을에는 모자이크 벽화 앞에 꽃이 놓여 있었다

04 이태준선생 기념공원

몽골초원에 잠든 애국지사

자이승 전승탑에서 울란바타르 시내 전경을 내려보면, 빼곡한 건물 사이로 휘날리는 태극기 하나가 눈에 들어온다. 낯선 나라에서 마주하는 조국의 흔적이랄까? 태극기가 있는 곳을 향해 걸음을 재촉했다. 자이승 전승탑 주차장에서 좁은 길 하나만 건너면 닿을 수 있을 만큼 가까웠다. 태극기와 몽골 국기가 나란히 내걸렸고, 출입문에는 '이태준 선생 기념공원'이라는 안내표지판이 붙어 있었다.

이태준선생 기념공원 입구

대암 이태준 선생은 1883년 11월 21일 경상남도 함안에서 태어나 1911년 세브란스 의학교(현 연세대학교 의과대학)를 졸업했다. 선생은 김필순, 주현칙 등과 함께 도산 안창호 선생이 만든 청년학우회에 가입하였으며, 세브란스 병원에서 인턴으로 근무하던 중 일제로부터 체포 위협을 느껴 1912년 중국 난징으로 망명, 기독회의원에서 의사로 활동했다.

　　1914년에는 우사 김규식 선생과 함께 비밀군관학교를 설립할 목적으로 몽골 울란바타르로 이동해 '동의의국(同義醫局)'이라는 병원을 개설하고 독립운동의 연락거점으로 활용하였으며, 상하이 임시정부에 독립자금을 운반하고 의열단 활동을 하는 등 독립운동에 투신하였다.

　　선생은 또한 인술을 베풀어 당시 몽골에 만연해 있던 질병을 퇴치하여 몽골 사람들로부터 '하늘이 내린 신의(神醫)'라는 칭송을 받았으며, 몽골의 마지막 황제 복드칸의 주치의로 활약하여 1919년 몽골 정부로부터 '에르덴 오치르' 훈장을 받았다.

　　선생은 1921년 일본군과 내통하고 있던 러시아 백군에 의해 38세의 아까운 나이에 피살당하여, 죽어서도 그리운 조국으로 돌아가지 못하고 머나먼 이국땅 몽골 초원에 고이 잠들어 있다.

　　1990년 대한민국 정부는 독립을 위하여 헌신하다 순국한 선생의 공적을 기려 건국훈장 애족장을 추서하였다. 독립운동가이며 위대한 의사인 이태준 선생의 고귀한 삶을 기리기 위하여 '이태준선생 기념공원'을 만들고 삼가 추모의 글을 바친다. (2000년 7월 7일 한국몽골학회 회장 최기호)

기념관 내부로 조심스럽게 들어섰다. 태극기 사이에 놓인 이태준 선생의 흉상에는 "몽골 국왕의 어의(御醫)로서 한국의 독립운동을 펼친 대의(大醫)"라는 글귀가 쓰여 있었다. 그 짧은 한 문장만으로는 조국의 독립을 위해 낯선 이국땅에서 목숨 바친 희생을 기억하기에 부족한 듯 보였다. 나라 잃은 젊은이가 몽골의 어의가 되고, 몽골 국민에게 '신이 내린 의사'라는 존경을 받기까지 얼마나 많은 눈물이 있었을지 가늠조차 할 수 없었다.

이곳 기념관에 오기까지 '이태준' 그 이름 석 자도 제대로 알지 못한 나 자신이 한없이 부끄럽고 죄송할 따름이었다. 죽어서도 그리운 조국으로 돌아오지 못한 채 초원의 넋이 된 애국지사. 오직 조국의 독립만을 생각하며 숱한 날들을 눈물로 지새웠을 그의 삶 앞에, 기억하는 건 분명 남은 자의 몫이거늘. 그 조그만 몫조차 제대로 감당하지 못하고 속세에 가득한 마음으로 분주했던 날들을 되돌아본다.

그래도 누군가 앞서 기억하는 이로 남아 기념공원을 만들어 주었으니 그저 감사한 마음밖에 없었다. 현재 기념공원을 우리 정부가 리모델링 한다니 더없이 감사했다. 몽골을 찾는 한국 관광객이면 너나 할 것 없이 자이승 전승탑에 올라 울란바타르 전경을 구경한다. 그다음 방문지가 이태준 기념관이기를 간절히 바래본다. 기억하는 건 오롯이 남은자들의 몫이기에.

이태준선생 기념공원 안에 기념관이 자리하고 있다

태극기에 새겨 놓은 글귀는 한결같이 대한독립만세였다
그 때도 지금도 오직 그 마음 하나로...

05 주몽골 북한대사관

북한 외교관의 삶을 엿보다

몽골 주재 북한대사관을 찾아가는 길

몽골 도착 첫날, 울란바타르 시내를 무작정 걸었다. 생애 처음 몽골을 찾은 낯선 방문객이었기에 특별한 목적지를 정한 건 아니었다. 통일의 눈으로 몽골을 다시 보겠다는 당찬 포부(?)를 갖고 무작정 떠나온 길이라 보이는 모든 것이 새로웠다. 마침 시내와 가까운 곳에 숙소를 정하고, 울란바타르에서 제일 중심가인 수흐바타르 광장으로 향했다.

그때 문득 몽골 주재 북한대사관이 광장 근처에 있다는 말을 들은 게 얼핏 기억이 났다. 물론 이번 여정 중에 반드시 몽골 주재 북한대사관을 찾아가는 건 일정에 넣어 두었다. 그리고 내일쯤 현지 사정을 잘 아는 지인과 함께 그곳에 가볼 요량이었다. 그런데 무슨 마음 때문이었을까? 한시도 지체하고 싶지 않았다. 그 길로 바로 가장 가까운 호텔 안내데스크를 찾아갔다.

시내 번화가에 자리한 5성급 호텔직원의 안내는 그야말로 친절함 그 자체였다. 관광명소도 아닌 북한대사관이 어딘지 물어보면 괜스레 이상하게 생각하지 않을까라는 노파심도 들었다. 여러 나라의 대사관이 도심에 몰려 있는 지역이다 보니 북한대사관을 물어보는 낯선이의 물음에 놀라는 눈치는 아니었다. 괜한 마음에 스스로 짓눌려 북한대사관을 물어봐도 될까라고 생각했던 자체 사상 검열(?)에 머쓱해졌다.

호텔직원이 건네준 관광지도에는 분명 인공기와 함께 D.P.R Korea가 선명히 새겨진 북한대사관이 표시되어 있었다. 그렇게 지도 한 장 찾아들고 북한대사관으로 향했다. 몽골에 오면 제일 먼저 가보고 싶었던 북한대사관. 이리저리 골목을 몇 번 헤매다 드디어 큰길가에서 인공기가 펄럭이는 건물과 마주했다.

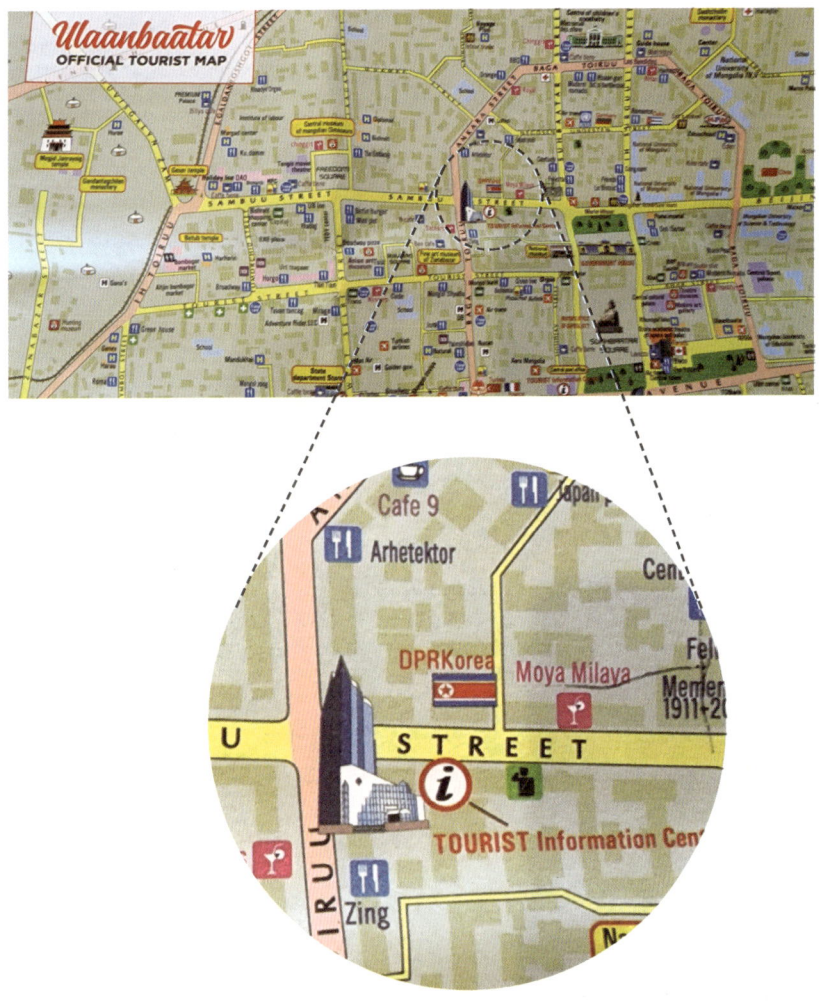

05 주몽골 북한대사관

한국 편의점 CU와 인공기

무척이나 의외였다. 한국 편의점 CU가 왜?

인공기가 나부끼고 북한의 국장이 건물 외벽에 붙어 있는 북한대사관 건물이 분명 눈앞에 있었다. 그런데 인공기가 펄럭이는 하늘 위로 눈길을 돌렸을 때 다름 아닌 CU 간판이 한눈에 들어왔다. 북한대사관 옆에 한국 편의점이라니. 처음에는 보고도 믿어지지 않았다. 어찌 보면 그리 이상할 일도 아니지만, 북한대사관 옆에 다름 아닌 한국 편의점이 자리 잡고 있다는 것이 그저 신기했다. 인공기와 CU 편의점 간판을 한 프레임에 담고 싶어 몇 번이고 카메라 렌즈를 돌려보았다. 24시간 언제나 누구에게나 열려 있다는 편의점, 그리고 그 옆에는 철제 펜스로 내부를 가린 채 미지의 세계처럼 홀로 선 북한대사관이 있었다.

철제 펜스 너머로 북한대사관 내부가 훤히 들여다 보인다

05 주몽골 북한대사관

북한대사관 앞마당 텃밭에는 무엇을 심었을까?

　북한대사관 안이 어떤 모습일지 너무도 궁금했지만 높다란 철제 펜스에 가로막혀 안을 전혀 볼 수 없었다. 수십 번이나 그 앞을 서성이며 혹시나 하는 마음으로 대사관 주변을 맴돌았다. 그러다 문득 철제 펜스 사이에 자그마한 틈새 하나가 보였다. 코스모스가 담벼락 사이로 빼꼼히 고개를 내밀며 나풀거렸다. 분명 사람 키 보다 훨씬 높은 철제 담벼락인데 그 틈 사이로 코스모스 한 잎이 세상을 향해 나온 것이다. 코스모스가 안내해 준 그 비집은 틈새 사이로 카메라를 내밀었다.

대사관 철문 너머로 코스모스 한 줄기가 고개를 내밀었다
꽃잎에는 경계가 없었다

코스모스와 함께 가꾼 온실

카메라 렌즈에 담겨온 대사관 건물 앞 작은 공터는 다름 아닌 텃밭이었다. 비닐온실까지 갖추어 놓은 게 제법 그럴싸해 보였다. 여러 종류의 남새(채소를 일컫는 북한말) 중에 가장 눈에 띄는 건 상추였다. 계절이 바뀔 때마다 그곳에 무엇이 자라고 또 거두었는지 궁금해서 들여다 보았다. 혹여나 정문 경비병들이 달려와 제지하지 않을까 염려하는 마음도 컸다. 펜스 틈새 사이 조심스럽게 카메라를 밀어넣고 미지의 텃밭을 관찰할 때마다 그곳은 작은 우주처럼 보였다. 그 어떤 곳보다 계절의 변화를 실감케 했기 때문이다. 하이얀 눈발이 날리는 한겨울, 텃밭은 온 데간데없이 그저 얼어붙은 정적만이 감돌았다.

깊은 밤 대사관에서 들려온 소리

북한대사관은 가운데 농구장을 기준으로 두 개의 건물로 구분되는데 각각 업무동과 숙소동으로 사용한다. 어스름 밤이 찾아오면 숙소동 건물에도 환히 불이 켜진다. 그리고 간간이 사람들의 소리가 흔적처럼 새어 나온다. 어떤 때는 아이들의 재잘거리는 웃음소리가, 또 어떤 때는 누군가 큰소리로 지시하는 듯한 목소리가 담장을 넘는다.

몽골을 방문할 때면 어김없이 매일 밤 그곳을 찾아갔다. 대사관 건물을 가려 놓은 울타리를 따라 한 바퀴 돌면 대략 15분 정도의 시간이 걸린다. 하룻밤에도 몇 번이고 그 길을 돌며 행여라도 누군가 만날 수 있지 않을까, 흘러나오는 대화 소리를 들을 수 있지 않을까 내심 기대했다. 그렇게 그곳에는 분명 누군가 오늘 하루를 살아내고 있었다.

북한대사관 건물 내부의 김일성 - 김정일 초상사진

　매일 밤 북한대사관 주변을 서성이다 보니 어느 날에는 분명 이전과는 다른 풍경이 눈에 들어왔다. 항상 불을 밝히지 않아 어두운 창문만 보이던 숙소동 건물 1층에 무슨 일인지 환히 불이 켜져 있었다. 불빛 사이로 모습을 드러낸 건 놀랍게도 김일성-김정일 초상사진이었다. 어디서나 우상화의 선전은 멈추지 않는 듯하다.

06 구)북한대사관
한국으로 가려는 사람들

　지난 1년 동안 거의 매월 몽골에 머물렀던 것 같다. 갈 때마다 어김없이 들른 곳은 몽골 주재 북한대사관이다. 체류하는 내내 밤낮을 가리지 않고 매일 한두 번은 들렀다. 건물 안쪽은 어떤 모습일지 너무도 궁금했지만 들어갈 수 없으니 달리 방법이 없었다. 그러다 현지인으로부터 지금 북한대사관 건물이 아닌 예전에 사용하던 대사관 건물이 있다는 말을 전해 들었다.

　울란바타르는 구소련의 지원으로 세워진 계획도시로 당시 각국 대사관이 도심 아파트 건물에 몰려 있었다고 한다. 대사관 건물 주변을 외교관 거리, 외교호텔 등으로 불렀는데 지금도 여전히 그곳에 남아 있다. 몽골 주재 북한대사관 역시 현재 자리로 옮기기 전까지 대사관 아파트 건물에 있었다. 현재는 한국어학원이 들어서 한국어 시험을 준비하는 학생들과 노동자들로 넘쳐난다. 과거 북한대사관으로 사용하던 공간이 지금은 한국으로 가기 위해 한국어를 배우는 사람들의 공간이 되었다는 사실이 흥미롭다. 그 많은 건물 용도 중 한국어학원이라니.

　마침 지인의 소개로 건물 안 구석구석을 둘러볼 기회가 생겼다. 건물 내부를 별도의 리모델링을 하지 않고 북한대사관으로 사용하던 때와 똑같이 남겨 두었다고 한다. 그래서였을까? 실내 구조만 보면 마치

06 구)북한대사관

북한대사관 안에 들어와 있는 듯한 착각마저 들었다. 북한을 방문하기 위해 비자를 신청하던 창구는 굳게 닫혔고 더이상 북한 외교관은 그곳에 없다. 한국어를 배우려는 학생들의 서툰 발음만이 철제문 너머로 들려와 공간을 채울 뿐이었다. 북한을 방문하기 위해 비자(VISA)를 받으러 온 방문객의 마음으로 구석구석을 둘러봤다.

건물 안에서 가장 눈에 띄는 건 육중한 두께의 철제문이었다. 다이얼 장치까지 이중삼중의 보안장치를 갖추었다. 웬만한 성인 남성의 힘이 아니고서는 여닫기도 어려울 만큼 그 두께에 놀랐다. 대체 이러한 잠금장치를 설치한 방은 어떤 용도로 사용되었을지 자못 궁금해진다.

아파트에서 생활하며 대사관 업무동으로 출퇴근하던 북한 외교관들의 모습을 그려본다. 지금 사용 중인 대사관 건물이 별도의 건물에 숙소동과 업무동이 구분된 것과는 다른 모습이다.

이중삼중의 잠금장치가 설치된 철제문

북한 비자를 발급하던 창구

06 구)북한대사관

그 밖에 둘러볼 곳

주몽골 한국대사관 전경

혹시라도 북한책을 찾을까 싶어. 세계 어디를 가나 항상 들르게 되는 헌책방
몽골의 헌책방에서는 북한책을 찾았을까?

현대와 전통의 조화,
어쩌면 몽골의 지금을
말하는 듯하다

그 밖에 둘러볼 곳

07

칭기즈칸 박물관

북한대사관이 보인다(?)

    주몽골 북한대사관 주변을 매일같이 거닐면서 유독 눈에 띈 건 〈칭기즈칸 박물관〉이었다. 거대한 석조기둥이 우람히 건물을 떠받치는 모양새가 이름 그대로 칭기즈칸의 위용을 보여주는 듯했다. 그런데 이 박물관에 유독 마음을 쏟은 건 바로 저곳에 올라서면 북한대사관이 쉽게 보이지 않을까라는 생각 때문이었다. 건물 완공은 끝났지만 무슨 이유에서인지 개장이 늦춰지고 있었다. 꽁꽁 잠긴 출입문 앞에서 아쉬움을 달래며 돌아서기 일쑤였다.

    그러다 2022년 11월 몽골 방문 때, 도착 첫날 어김없이 북한대사관을 제일 먼저 찾아갔다. 평소와 달리 대사관 주변으로 사람들이 많이 오갔는데 바로 옆 칭기즈칸 박물관이 개장했기 때문이었다.

    한걸음에 박물관으로 달려가 승강기의 최고 높은 층을 눌렀다. 몽골 최대 규모의 박물관으로 9층 건물에 약 12,000개의 전시물과 기념물을 보관하고 있다는 내용은 그리 중요한 게 아니었다. 오직 이 박물관에서 보고 싶었던 것은 생뚱맞지만 바로 북한대사관 건물이었다.

    예상은 적중했다. 박물관 복도에 조그맣게 내놓은 창문 사이로 북한대사관 건물이 한눈에 들어왔다. 물론 그리 가까운 거리는 아니었지만

 도심 속 한복판 북한대사관의 모습을 선명히 볼 수 있는 위치였다. 대충 둘러봐도 족히 서너 시간은 걸린다는 박물관에서 오직 한 자리만 차지한 채 몇 시간이고 북한대사관을 지켜봤다. 대사관 건물에 높이 둘린 철제 펜스 때문에 안을 전혀 볼 수 없던 것과 달리, 높은 곳에서 내려다본 북한대사관은 훤히 그 속살을 드러냈다. 물론 건물 안까지 볼 수 있는 건 아니었지만 숙소동과 업무동을 구분하는 작은 공터와 농구장이 훤히 보였다. 그리고 그 안에서 보게 된 북한 사람들의 흔적은 아쉽지만 이 책에서는 담지 않으려 한다.

칭기즈칸 박물관에서 내려다 본 북한대사관

분단인의 지도

몽골 박물관이나 호텔 로비에 들어서면 몽골제국이 점령했던 영토 지도를 보는 건 흔한 일이다. 분단인의 입장에서 몽골 지도에서 가장 먼저 눈길이 가는 건, 당연히 한반도의 모습이다. 칭기즈칸 박물관에서 바라본 몽골 지도에는 고구려, 백제, 신라로 나뉘었던 삼국시대가 선명히 그려져 있었다. 먼 훗날, 오늘의 한반도 지도를 우리의 후손들이 볼 때 남북한은 분명 두 개로 갈리어 있을 것이다. 삼국통일로 하나 되었던 지도를 그들은 다시 볼 수 있을까?

통일의 눈으로 몽골을 다시보다

칭기즈칸 박물관에 들어서면 칭기즈칸의 대형 그림과 마주한다

여행자의 팁(tip)

칭기즈칸 박물관 입장료는 성인 30,000MNT(한화 약 15,000원)으로 몽골 내 다른 명승지와 비교하면 비싼 편이다. 전시물에는 별도의 영어, 한글어 표기가 없다. 대신 QR코드를 스캔하면 유엔 5개 언어로 된 설명을 볼 수 있다.

08 국립대학교와 1호 세종학당
분단의 지도

몽골 주재 북한대사관에서 불과 100여 미터를 걸으면 도심 한가운데 자리한 캠퍼스와 마주한다. 바로 몽골 최고 대학으로 손꼽히는 몽골 국립대학교다. 이 대학교의 위상은 캠퍼스 위치에서부터 알 수 있다. 울란바타르에서 가장 번화하다는 도심 한복판 광장을 중심으로 국회의사당 건물과 마주 보는 곳에 국립대학교가 있다.

마침 현지에서 소개받은 지인의 아들이 이 대학에 다니고 있어서 캠퍼스 내부를 여기저기 둘러 볼 수 있었다. 사실 몽골 국립대학교를 꼭 가보고 싶었던 건 학교 내에 설치된 '세종학당' 때문이었다. 세종학당은 한국어 및 한국 문화 보급을 위해 전 세계 82개 국가에서 234개를 운영하고 있다. 특히 몽골 세종학당은 지난 2007년 전세계에서 세종학당이 처음으로 개설된 곳이어서 더욱 관심이 갔다. 현재 몽골에는 몽골 국립대, 국제울란바타르대, 후레정보통신대, 몽골 국립생명대 등 4곳의 대학에서 세종학당이 운영 중이다.

08 국립대학교와 1호 세종학당

전 세계에서 세종학당 1호로 개설된 곳이기 때문일까? 캠퍼스 내에 자리한 세종학당 사무실과 교실은 한국을 느끼기 충분할 만큼 좋은 시설을 자랑했다. 한국어와 문화를 익히며 유학을 꿈꾸는 몽골 대학생들의 비전이 오롯이 이 교실 안에 담겨 있었다.

그런데 교실 문을 나서며 본 한반도 지도 한 장이 내심 마음에 걸렸다. 몽골 청년들이 꿈꾸고 그리는 한국은 하나의 코리아(one korea)가 아니라는 점을 지도는 명확히 표현하고 있었다. 그들은 지도에 표시된 South korea와 North korea가 얼마나 큰 아픔인지 알고 있을까?

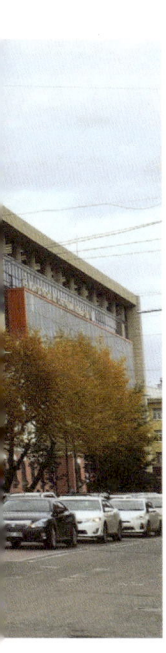

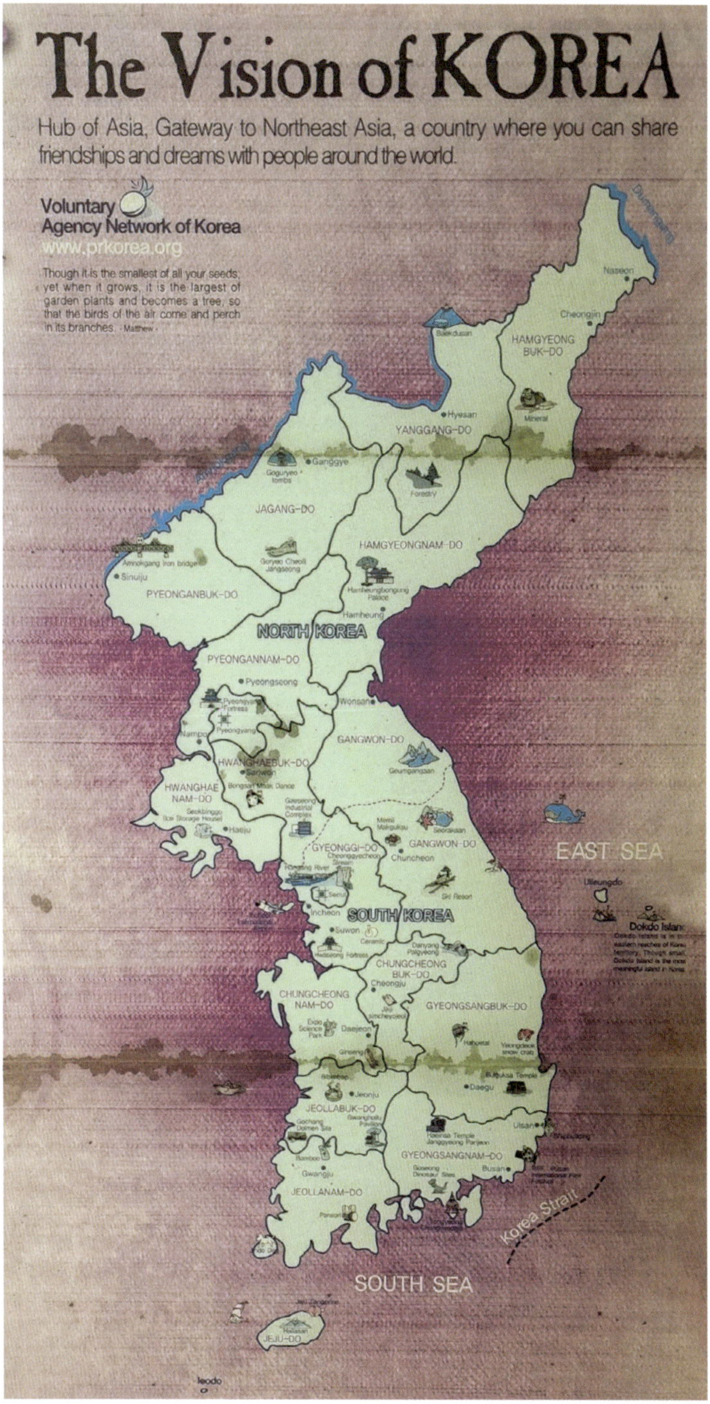
The Vision of KOREA
Hub of Asia, Gateway to Northeast Asia, a country where you can share friendships and dreams with people around the world.
Voluntary Agency Network of Korea
www.prkorea.org
Though it is the smallest of all your seeds, yet when it grows, it is the largest of garden plants and becomes a tree, so that the birds of the air come and perch in its branches. - Matthew -
HAMGYEONG BUK-DO
YANGGANG-DO
JAGANG-DO
HAMGYEONGNAM-DO
PYEONGANBUK-DO
NORTH KOREA
PYEONGANNAM-DO
GANGWON-DO
HWANGHAEBUK-DO
HWANGHAE NAM-DO
GYEONGGI-DO
GANGWON-DO
SOUTH KOREA
CHUNGCHEONG BUK-DO
CHUNGCHEONG NAM-DO
GYEONGSANGBUK-DO
JEOLLABUK-DO
GYEONGSANGNAM-DO
JEOLLANAM-DO
EAST SEA
SOUTH SEA
Korea Strait
JEJU-DO

09 국립박물관
사회주의는 역사의 뒤안길로

몽골 국립대학교를 나와 도로 하나를 건너면 채 5분도 걸리지 않은 거리에 국립박물관이 있다. 울란바타르의 심장이라 할 수 있는 국회의사당과 도로 하나를 사이에 두고 몽골 국립대학교, 국립박물관이 나란히 자리하고 있다. 칭기즈칸 박물관이 고대 몽골의 역사부터 시작해 칭기즈칸에 관한 자료로 주로 구성되었다면, 이곳 국립박물관은 현대사를 포함한 몽골의 모든 것을 볼 수 있다.

석기시대부터 현대에 이르기까지 수천 점의 유물을 통해 몽골 역사와 문화, 전통, 생활 모습 등을 상세히 알 수 있는 자료가 빼곡하다. 시기별로 구분해 둔 전시 가운데 가장 눈길이 쏠린 건 다름 아닌 현대사 부분이었다. '사회주의에서 자본주의로'라는 주제로 마련된 현대사 전시공간은 몽골의 사회주의 체제 전환과정을 보여주는 상징적인 장소다. 전시물 중 사회주의 시기 몽골 정부가 인민을 위해 공급했다는 생필품을 보며 북한의 오늘이 오버랩 되었다.

몽골은 구소련에 이어 북한과 두 번째로 수교를 맺은 국가다. 한때 공산주의를 표방했던 진영은 무너져 이미 역사 속으로 사라졌고, 몽골은 사회주의 체제에서 벗어나 민주주의와 자본주의로의 발전경로를 지나고 있다. 유일하게 남은 건 '우리식 사회주의'를 고수하는 북한뿐이다.

МОНГОЛЫН ҮНДЭСНИЙ

ХЯТАН УЛС (Кидан улс)
(10-12-р зуун)

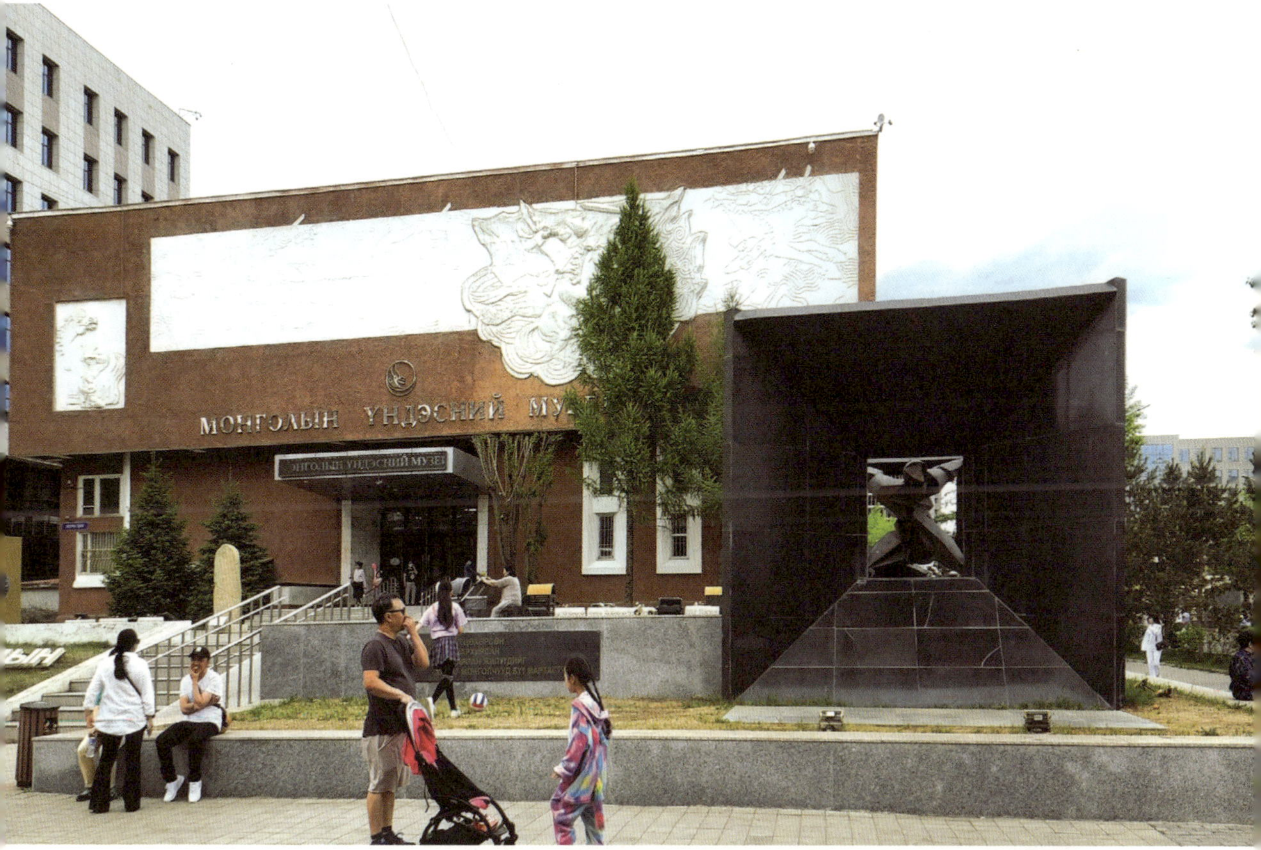

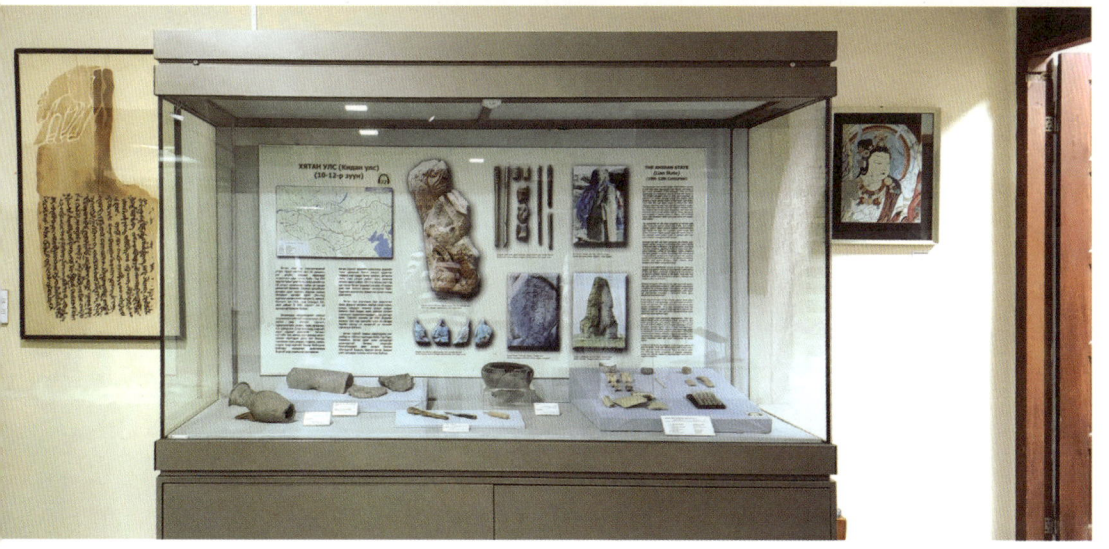

사회주의 시기 몽골에서 생산한 인민소비품

많은 전시공간 중 몽골의 사회주의 체제전환에 유독 관심을 둔 이유는 그 진화의 발자취가 곧 북한이 따라야 할 길일지도 모른다는 생각 때문이었다. 구소련 당시 설계되고 지어진 도시답게 몽골 울란바타르와 북한의 평양은 건물의 외형만으로 보면 너무도 닮아 있었다. 분명한 차이는 낡은 사회주의의 이념에 갇혔던 몽골은 박물관에서나 볼 수 있는 과거이며, 북한은 현재진행형이라는 점이다.

전시장을 나오며 마지막으로 본 사진 한 장이 가슴을 울린다. 몽골 여권을 손에 든 몽골 국민이 전 세계 어디든 자유롭게 갈 수 있다는 내용의 포스터였다. 자유민주주의 체제의 가장 큰 자랑이라 한다면, 시민들이 자유롭게 자신의 발걸음을 정할 수 있다는 점이지 않을까?

〈몽골 국민이 비자 없이 방문할 수 있는 나라〉
이보다 더 자유를 명확하게 표현할 수 있는 말이 있을까.
그리하여 똑같은 질문을 던져본다.
북한 인민이 비자 없이 방문할 수 있는 나라는 몇 개국인가?

몽골 여권을 들고 세계를 향해

SOCIALIST MONGOLIA
HALL 8

The first political party founded in Mongolia, called the Mongolian Revolutionary Party, led a national democratic revolution in 1921. The revolution restored independence from Chinese autonomous rule. The previous foreign occupiers were ousted, and the door was opened to a more open society, with an emphasis on human rights and democracy.

In 1924 Mongolia established the first Constitution, naming itself the People's Republic of Mongolia.

Political and ideological conflict emerged in the early years following the revolution, between the desire for democracy and the power of the communist faction. During the political unrest, international communism represented by Comintern, flourished and inflicted repression on many people.

In June of 1932, ad hoc meetings between the Central Commission of the Mongolian Revolutionary Party and the Central Commission of Control were held. At these meetings the Policy of New Order was instigated.

During the years of the Policy of the New Order, modern farming methods were instituted. Livestock numbers increased from 16.2 million in 1932 to 26 million in 1940. A national education system was also developed as part of the New Order: 5.6% of the population was literate in 1935, increasing to 20.8% by 1940.

In 1940 the Soviet Union entered the Second World War, with Mongolia's involvement following soon thereafter, in order to provide assistance to its ally.

Following a proposal from the Soviet Union at the Yalta Conference in February 1945, it was agreed that the status quo regarding the territory of Outer Mongolia as an independent nation, was accepted internationally.

In the post Second World War period, the Mongolian Revolutionary Party intensified its socialist activities. Following its 12th Party Meeting in 1954, socialist principles were promulgated across the social, economic and political spheres. New technologies and methodologies in the production of food were introduced, including the development of agricultural cropping lands from 1959. Large scale mining was also initiated, and the new industrial city and region of Darkhan was established. A comprehensive health care service also commenced, providing services for the people of Mongolia. A new education system led to greatly improved literacy rates across the country.

The Mongolian Revolutionary Party continued to develop its power base following this phase. A change to the Constitution in 1960 enabled the MRP to be the sole political party. From 1965 to 1989 the Mongolian Revolutionary Party controlled all aspects of political life in Mongolia.

In 1965 Erdenet and Choibalsan were also established as new industrial cities. New policies were enacted for the energy and mining industries. By the end of 1980, 40% of Mongolia's national total income came from these industries.

However, it is from the 1980s that the power of socialism in Mongolia waned among the populace, leading to the peaceful democratic revolution of 1990.

민주화와 인권

8번 전시홀은 사회주의 몽골을,
9번 전시홀은 민주주의 몽골에 관한 내용이다.
북한은 언제쯤이면 9번홀 전시 내용으로 채워질까?

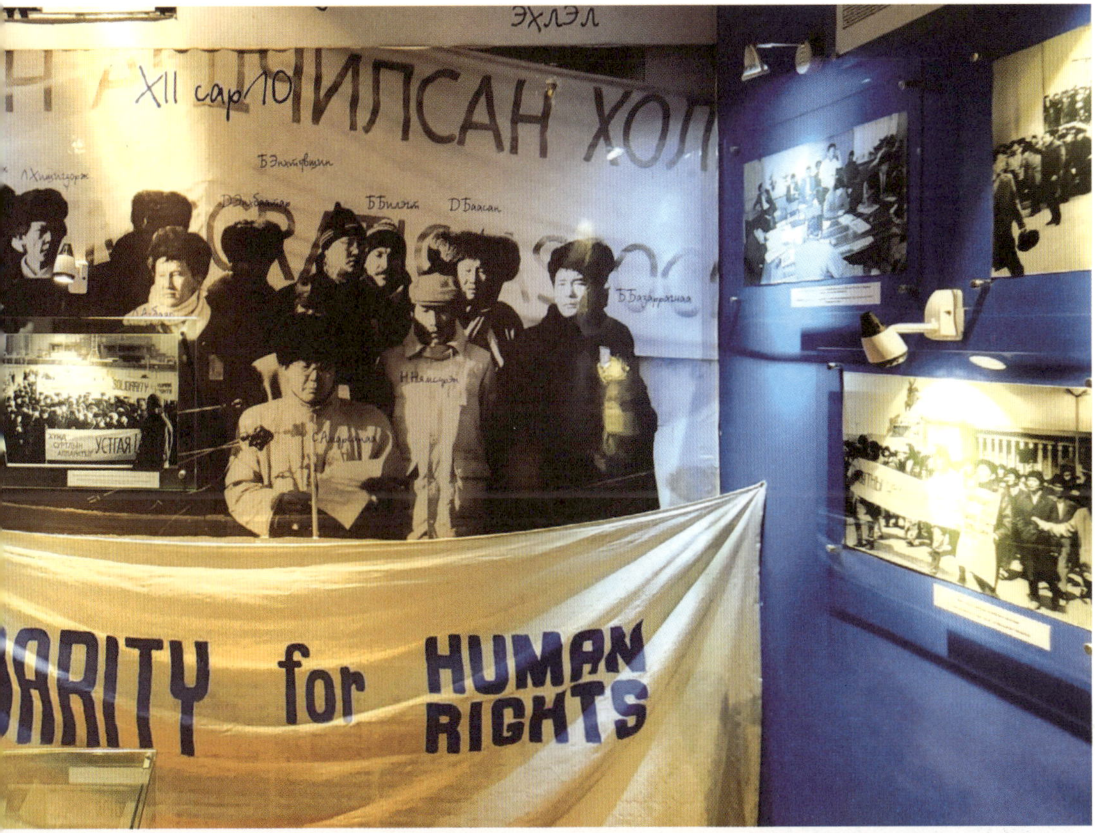
ЭХЛЭЛ
XII сар 10
ИЛСАН ХОЛ
RITY for HUMAN RIGHTS

Танхим 9
АРДЧИЛСАН МОНГОЛ УЛС
/1990 оноос эдүгээ/
Hall 9
DEMOCRATIC MONGOLIA
/1990-present/

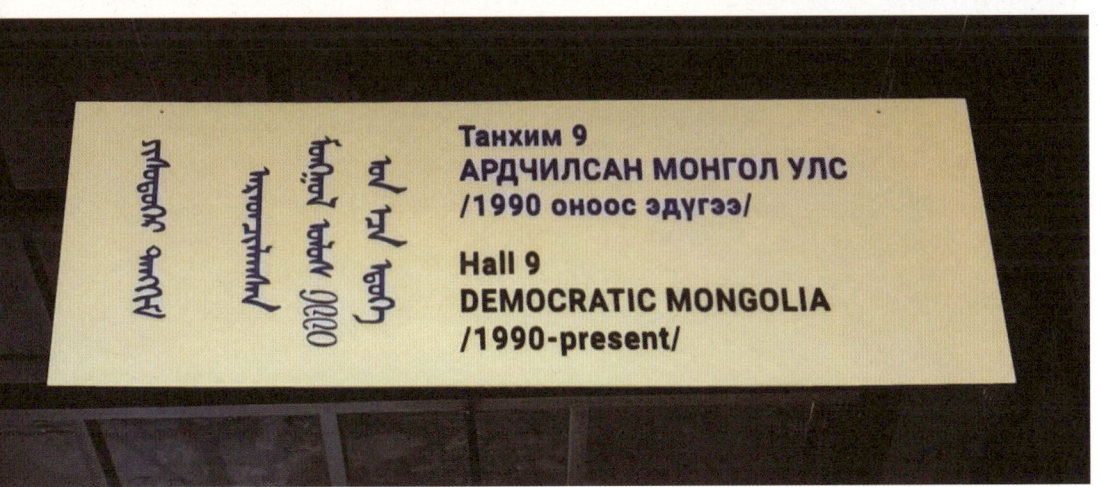

그 밖에 둘러볼 곳

도심 번화가에 위치한 왕궁은 도시의 속도와는 다른 시간이 흘렀다

도심과 빈민촌의 경계

울란바타르 도심에는 거대한 화력발전소가 있다
겨울만 되면 도심은 희뿌연 스모그에 뒤덮인다
쉴새없이 뿜어져 나오는 연기는 구름처럼 파란 하늘을 덮는다

10 수호바타르광장? 칭기즈칸광장?
누구의 역사를 기록할 것인가?

몽골을 찾는 이라면 반드시 들르는? 아니 들러야만 하는? 장소가 있다. 바로 수호바타르 광장이다. 몽골 국회의사당, 증권시장, 국립은행, 오페라극장, 시청, 블루스카이 호텔, 국립박물관 등 몽골을 대표하는 주요 기관이 몰려 있는 곳이다.

몽골의 국민 영웅으로 알려진 '담디 수흐바타르(Damdiny Sukh-baatar)'라는 인물을 기념하기 위해 세운 광장이다. 광장 한가운데에 세워진 기마 동상이 '담디 수흐바타르' 장군인데, 중국으로부터 몽골의 독립을 이룬 1921년 7월 혁명의 영웅이다.

몽골의 역사를 간략히 보면 1688년 몽골과 명나라를 정복한 청나라 강희제는 몽골의 힘을 약화시키기 위해 외몽골과 내몽골로 나누어 통치한다. 1911년 중국에서 신해혁명이 일어나 청나라가 위기에 빠지자, 중국으로부터 독립을 원했던 외몽골은 독립의 기회를 포착하고 당해 12월 제1차 혁명을 통해 자치국을 인정받는다. 이후 러시아에서 10월 혁명이 일어나고 1920년 국민당이 외몽골의 자치를 폐지 시켰으나, 그 해 반중국·민족해방을 목표로 삼고 몽골인민당이 결성되었다. 1921년 담디 수흐바타르가 혁명군을 결성해 제2차 혁명을 일으켜 결국 독립에 성공한다. 1924년 몽골의 마지막 군주인 복드 칸이 사망하고, 소련의 지

10 수호바타르광장? 칭기즈칸광장?

10 수호바타르광장? 칭기즈칸광장?

통일의 눈으로 몽골을 다시보다

원을 받은 몽골 인정부는 11월 26일 정부 형태를 군주제에서 인민공화제로 고치고 국호를 몽골인민공화국으로 정한다. 수도인 후레를 울란바타르(붉은영웅)으로 바꾸고, 소련식 사회주의헌법을 도입하면서 소련에 이어 세계에서 두 번째 사회주의국가가 되었다. 구소련이 붕괴되는 1991년 초 몽골에서도 민주화 혁명이 일어나고, 결국 1992년 2월 13일 복수정당제를 원칙으로 하는 헌법을 채택하며 민주공화국이 되었다.

광장 정면에는 국회의사당 건물이 자리하는데 어마어마한 크기의 칭기즈칸 동상이 몽골의 위상을 말해준다. 칭기즈칸 동상을 기준으로 오른쪽에는 손자 쿠빌라이칸이, 왼쪽에는 아들 우구데이칸의 동상이 세워져 있다. 칭기즈칸의 동상 양쪽의 기마병은 13세기 몽골제국의 공신인 보르츠장군과 무칼리 장군의 동상이다.

흥미로운 건 몽골 집권 정당에 따라 또는 개인의 정치적 성향에 따라 '수호바타르 광장'과 '칭기즈칸 광장'으로 다르게 불린다는 점이다. 명확하게 구분하기는 어렵지만, 공산주의 시절 집권당인 '몽골인민당'은 '수호바타르 광장'으로, 2009년 정권교체를 이룬 '몽골민주당'은 민족주의를 강조하면서 2013년에 광장 이름을 '칭기즈칸 광장'으로 바꾼다. 이후 광장 명칭 변경은 법적인 공방으로 이어졌고 결국 2016년 행정법원은 명칭 변경에 제동을 걸어 현재는 '수호바타르 광장'으로 통한다. 몽골의 현지 사정을 잘 모르는 관광객으로서는 낯선 이름의 수호바타르동상보다는, 거대한 크기의 칭기즈칸 동상이 인상적이어서인지 '칭기즈칸 광장'으로 대부분 알고 있다.

수호바타르광장은 몽골 사람들의 심장이라 해도 과언이 아니다. 2023년 3월 현재, 430만 명 몽골 인구 중 약 70%가 울란바타르에 살고 있다. 울란바타르 중심에 자리한 수호바타르광장은 그 넓이와 규모만큼이나 한때 세계를 지배했던 몽골의 기상을 대변하는 듯하다.

마침 필자가 광장을 처음 방문한 날은 5월 1일 노동절이었다. 몽골에서 노동절은 국가 축제처럼 여겨지는 날로, 코로나19가 한창이던 2022년 5월 그날에도 수만 명의 시민이 광장으로 몰려나와 자유를 만끽했다. 구소련의 지원을 받은 계획도시이자 사회주의 체제를 지나온 몽골은 가는 곳곳마다 평양의 주요 건축물과 닮은 곳이 많다. 칭기즈칸 광장에 서 있노라면 마치 평양 김일성광장에 서 있는 듯한 착각이 들 정도다. 특히 이곳 광장에서 1989년 공산주의의 몰락을 가져온 첫 번째 대중집회가 열렸다는 사실이 더욱 큰 의미로 다가왔다.

　필자가 평양을 다녀온 지도 벌써 15년 전의 일이니 기억이 잊혀질 법도 한데 김일성광장에서 느꼈던 짓이긴 마음은 여전히 또렷하다. 북한의 주요 정치행사 때마다 열병식을 개최하며 주민을 동원하는 정치 선전장의 김일성광장과 달리, 몽골 수흐바타르광장은 자유와 행복의 물결이 넘쳐났다.
　겨울이 되면 광장은 화려한 얼음장식과 아이들의 썰매장으로 변한다. 영하 30도가 넘는 추위에도 아랑곳없이 아이들의 손을 잡고 나온 사람들의 얼굴에는 미소가 만연하다. 5월 노동절 축제 기간에도, 12월 크리스마스 장식으로 온 광장을 환하게 밝힐 때도 어김없이 그 주인공은 몽골 국민이었다.

　한때 이곳 수흐바타르광장 역시 사회주의 국가의 전형적인 선전장이었다. 북한과 차이가 있다면 사회주의 체제라는 어두운 역사의 터널을 지나, 지금은 자유민주주의 체제로 전환했다는 점이다. 한 사람을 위해 목숨 바쳐 충성한다는 독재정권의 결의가 아니라, 한 사람이 저마다 주인공이 되어 자신의 미래를 위해 시간을 가꾸어 갈 뿐이다. 몽골 수흐바타르광장에서 마주한 자유가 평양 김일성광장에도 속히 흩뿌려지기를 간절히 바랄 뿐이다.

김일성광장은 언제쯤이면 이런 자유의 공간으로 변할까?

10 수호바타르광장? 칭기즈칸광장?

11 국립오페라극장

평양 모란봉극장을 닮다

수흐바타르 광장에는 몽골을 대표하는 장소가 많다. 몽골 건축물에서 북한의 건축물과 비슷한 장소가 어디있을까 찾던 중에 광장 한쪽에 유독 핑크빛으로 장식한 건물 하나가 눈에 띄었다. 바로 국립오페라극장이다. 1956년 수도혁명청년동맹 회원들의 지도로 1957년에 착공해 1960년에 완공되었다. 처음에 이름은 청년궁전이었고 1963년부터 국립 오페라극장으로 이름을 바꾸었다.

이 건물의 외형은 평양 모란봉극장을 연상시킨다. 둥근 대리석 기둥이 건물을 떠받치고 육중한 무게의 출입문을 열고 들어서면 마치 평양의 모란봉극장에 들어선 듯하다. 마침 공연이 있던 날이라 극장 내부까지 둘러볼 수 있었다. 로비에는 건물 모형이 설치되어 전체 건물의 형태를 볼 수 있도록 해두었다. 주로 오페라공연이 개최되는 장소로 울란바타르 시민들에게 사랑받는 곳이다.

11 국립오페라극장

평양 모란봉극장

국립오페라극장에서 약 10분 정도 걸으면 국립도서관이 자리하고 있다. 국립오페라극장, 국립미술관은 모두 광장에 있지만, 국립도서관은 광장에 이르는 길가에 있어 찾기가 쉽지 않다. 국립도서관을 일부러 찾아간 건 북한 관련 책이 있을까 싶어서였다. 어렵지 않게 한국돈으로 약 2,000원 정도의 등록비를 내고 도서관 이용 카드를 만들었다. 검색대에서 북한 관련 자료를 검색해보고, 도서관 관계자에게도 도움을 요청했지만, 북한원문 책은 없었다. 나중에 몽골 지인으로부터 알게 된 사실인데, 북한원문 자료는 일반 이용객이 아닌 교수들이 이용하는 전문자료실에 많다고 했다. 일반 자료실 등록카드로는 이용할 수 없다고 해서 다음에 몽골에 가면 전문자료실 이용 등록카드를 만들까 한다.

도서관 이용 카드를 발급받았다

11 국립오페라극장

12 국립미술관
정치선전장의 재탄생

수흐바타르광장에서 국립 오페라극장을 찾기란 그리 어렵지 않다. 핑크빛으로 색칠한 예쁜 건물 하나가 광장 전체의 분위기를 화사하게 바꿔주는 느낌이다. 이와 대조적으로 바로 옆에 나란히 선 회색빛 건물이 문화회관이다. 한때 인민들의 정치선전을 위한 장소가 현재는 미술관은 물론 상업시설로 활용되고 있다. 몽골 하면 가장 유명한 특산품으로 캐시미어를 꼽는데 문화회관 건물 중 한 곳은 몽골의 유명 캐시미어 브랜드 상점이 들어섰다.

거대한 대리석 기둥으로 떠받친 몽골문화회관은 평양의 4.25문화회관과 닮은꼴이다. 북한에서 4월 25일은 조선인민혁명군 창건 기념일로, 1932년 4월 25일 김일성이 창건했다고 주장하는 항일무장군사조직을 말한다. 4.25문화회관은 원래 건립 당시 2.8문화회관이었는데 이후 4.25문화회관으로 이름이 변경되었다. 2월 8일과 4월 25일의 차이는 조선인민군의 공식 창건을 언제로 보느냐에 따라 달라진다. 1977년까지는 1948년 2월 8일이 조선인민군 창건일이었다. 그런데 1978년 김일성이 자신이 조직한 조선인민혁명군이 실제 조선인민군의 뿌리라며 1932년 4월 25일로 변경한다. 김정은 집권 이후인 2018년 김정은은 공식 창건일을 1948년 2월 8일로 재변경했다. 2023년 2월 8일에는 조선인민군 창건 75주년 기념 열병식이 개최되기도 했다.

12 국립미술관

통일의 눈으로 몽골을 다시보다

몽골문화회관이 상업시설로 변경되었다는 점에 유독 관심을 둔 건 북한의 모든 마을 단위에는 반드시 문화회관이 있기 때문이다. 시골의 작은 리 단위까지 문화회관을 설치하고 인민들의 사상을 통제하는 정치선전장으로 활용한다. 사회주의 체제의 근간이라 할 수 있는 사상전의 산실인 문화회관이 상업시설로 바뀌었다는 점에서 몽골 문화회관 건물에 유독 관심이 끌렸다. 북한 마을마다 자리한 문화회관을 떠올려 본다. 변화는 곧 오리라는 기대와 확신으로.

13 고비(Gobi) 캐시미어
북한노동자들의 흔적

몽골을 찾는 한국 관광객들이 귀국 선물로 가장 많이 사는 건 캐시미어 제품이다. 몽골 공항에서 〈Gobi〉 브랜드 포장 가방을 든 관광객을 쉽게 볼 수 있다. 몽골에는 여러 브랜드의 캐시미어 제품이 있지만, 단체 관광객들이 들르는 〈Gobi〉 아울렛 매장이 현지 관광업체와 연계되어 있기 때문인 것 같다. 더욱이 수흐바타르 광장 한쪽에 세계 최대 규모 매장을 운영하니 더욱 손님이 많을 수밖에 없다. 어쩌면 몽골 여행은 고비로 시작해 고비로 끝난다고 해도 과언이 아니다.

그런데 바로 그 고비 캐시미어 공장에 북한 노동자 800명이 일했었다는 사실을 관광객들은 알고 있을까? 물론 대북제재로 인해 지금은 모두 북한으로 돌아가서 더는 그들의 흔적을 몽골에서 찾아보기 어렵다. 한 공장에서 800명이 근무했다면 그들의 숙소와 먹는 문제는 어떻게 해결했을지 궁금해진다. 따스함과 보드라움의 대명사로 '섬유의 보물'이라 불리는 캐시미어 제품에 북녘 노동자들의 손길이 닿았을 것을 생각하면 마음은 더없이 차가워진다.

몽골 사람들은 한국으로 노동 이주를 오고, 그 빈자리를 또 북한 노동자들이 채운다. 남겨진 자리에 두고 온 가족의 그리움은 고비사막을 넘는다.

몽골 방문 여행객들이 사랑하는 이에게 줄 선물로 캐시미어 제품을 고르는 손길은 더없이 정겨워 보인다. 어떤 색깔과 디자인이 좋을지 이리저리 둘러보며 그리움을 담는 시간, 제품 하나하나마다 새겨졌을 북녘 동포들의 애환을 조금이라도 헤아려 보면 어떨까. 그들의 아픔을 알아볼 수 있는 따스한 관심이면 좋겠다. 어쩔 수 없이 우린 지금 분단을 살고 있기에.

수흐바타르 광장의 고비캐시미어 매장전경

14 국영백화점
100년의 역사와 현재의 평양

몽골을 찾는 관광객이 캐시미어매장과 함께 반드시 들르는 또 다른 장소는 국영백화점이다. 수흐바타르광장에서 그리 멀지 않아 걸어가면 5분 이내에 닿을 수 있다. 백화점 건물에는 1921-2023이라는 숫자가 걸려 있는데, 1921년에 문을 연 이후 100년의 역사를 자랑한다는 상징이다. 1924년 러시아의 지원으로 '중앙매점'이라는 이름으로 건립해 사회주의 체제의 우월성을 선전하는 곳이었다. 1961년 현재 위치의 건물로 옮기고 '국영백화점'이라는 이름으로 바뀌었다. 1999년 몽골 민주화의 영향으로 민영화되었다.

백화점 6층에 있는 기념품 매장은 귀국 선물을 사려는 한국 관광객들로 늘 북적인다. 1층 식료품 매장은 몽골 사람들의 생활상을 그대로 담고 있어 둘러보면 쏠쏠한 재미가 있다.

14 국영백화점

사실 국영백화점을 꼭 들러보고 싶었던 이유는 백화점 이름 그대로 사회주의 시기 국가에서 운영했던 백화점이기 때문이다. 몽골에서 현재 북한 백화점의 흔적을 찾아보고 싶었다. 1921년에 건립된 국영백화점은 당시 사회주의 체제에서 인민들을 위해 보급한 소비품이 얼마나 많은지를 자랑하는 선전장이었다. 5층과 6층 사이 계단에 전시된 백화점의 홍보 사진에는 당시 흑백사진 속 노동자들의 모습이 담겨 있었다. 과거의 몽골이지만, 마치 지금의 북한이 그대로 투영되는 듯했다. 1950-1960년 당시 방직공장에서 일하는 여성의 모습은, 6.25 전쟁 이후 천리마 구호를 외치며 노동현장에 동원되었던 북한의 모습과 별반 다르지 않아 보였다. 몽골의 흑백사진 속 기억은 전시자료로 박제되었지만, 북한은 천리마를 넘어 만리마를 외치며 여전히 속도전을 자랑한다.

국영백화점에 널린 수많은 상품을 둘러보며 변화의 물결이 사람들의 삶을 어떻게 변화시키는지 실감했다. 북한의 선전매체를 통해 그 외형을 볼 수 있는 평양제1백화점, 대성백화점은 체제 선전을 위한 도구일 뿐이다.

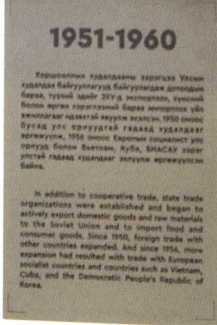

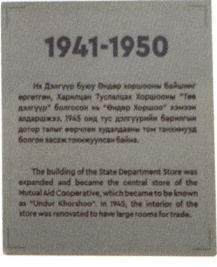

1940-50년대 몽골 사람들의 모습을 담은
흑백사진속에서 2023년 북한사람들의
모습이 실루엣처럼 아른거린다

14 국영백화점

대형 화재를 기억하다

백화점 내 5층 승강기는 유리 보호막으로 벽면을 가린 독특한 디자인으로 장식되어 있다. 2020년 6월 백화점은 화마에 휩싸여 모든 것이 잿더미로 변했다. 화재 복구 과정에서 시커멓게 그을린 벽면 일부를 보존해 놓았다. 과거의 아픔을 기억하려는 애잔한 마음들이 새로운 디자인으로 탄생했다.

국영백화점을 나와 정문에서 도로 하나를 건너면
몽골 〈서울의 거리〉와 이어진다.

화재 당시 모습

14 국영백화점

15

서울의 거리

민주와 자유의 상징

　국영백화점 앞으로 펼쳐진 조그만 광장 끝자리에 이르면 〈서울의 거리〉에 닿을 수 있다. 몽골 도로 이름이 〈서울의 거리〉라니 무슨 사연일까? 울란바타르에서 가장 번화한 곳에 자리한 '서울의 거리'는 지난 1995년 10월 서울시와 울란바토르시 간의 자매도시 협정을 기념해 조성한 도로다. 총 길이 2.1㎞로 대통령관저와 영빈관, 러시아 대사관, 국립극장 등 주요시설이 밀집해 있다. 서울의 거리라는 이름답게 이곳에

서울의 거리

는 한국 프랜차이즈 상점과 식당 등이 즐비하다. 1990년대 개업한 몽골 제1호 한국식당도 바로 이 거리에 있다. 〈서울정〉이라는 현판을 단 아담한 정자 하나가 길가에 놓여 관광객들을 반긴다.

몽골에서 〈서울의 거리〉라는 도로 표지판을 보는 건 왠지 낯설면서도 뿌듯한 자부심이었다. 〈서울의 거리〉를 조성할 때가 바로 몽골이 사회주의에서 민주주의로 전환한 때니 어쩌면 서울의 거리는 민주와 자유의 상징이라는 생각도 들었다. 몽골 현지에서 한반도 문제를 연구한다는 어느 학자를 서울의 거리에 있는 한국식당에서 만났다. 그는 몽골 주재 북한대사관 성원들과도 친분이 있는데, 가끔 식사를 겸해 이곳에서 만난다고 했다. 몽골 사람과 평양사람이 서로 약속을 정하는데 "서울의 거리에 있는 한국식당에서 만납시다"라고 대화하는 모습이 그려졌다. 평양에서 온 그는 서울의 거리에 서면 어떤 느낌일까?

'서울의 거리' 맞은편에 '평양의 거리'가 조성되어 있지 않음을 다행(?)이라 여겼다. 머나먼 타국에서 서울과 평양으로 나뉜 모습을 보고 싶지는 않았기에…

몽골국립극장

서울의 거리에는 몽골의 주요 명소들이 몰려 있다. 그중 한 곳이 바로 국립극장이다. 빨간색의 큰 별 하나가 북한의 노동당 마크와 비슷하다. 사회주의 국가의 같은 건축 양식이라 그런지 몽골 국립극장에 들어서면 북한식 음악공연이 열릴 것 같은 느낌이다. 국립오페라극장과 달리 이곳에서는 주로 몽골전통공연이 열린다.

15 서울의 거리

16 평양백화관

그 많던 북한식당은?

'그 많던 북한식당은 다 어디로 갔을까'라는 표현이 딱 맞았다. 지난 2019년 12월까지만 하더라도 울란바타르 안에만 모두 여섯 곳의 북한식당이 호황을 누렸다고 한다. 몽골 북한대사관이 있는 시내 중심가를 기준으로 한눈에 봐도 북한식당임을 알 수 있는 평양관, 고려민족식당 등의 간판이 내걸렸었다.

<평양백화관>이 들어선 건물

　지금 이 글을 쓰고 있는 2023년 4월 현재, 몽골에서 영업하는 북한 식당은 단 한 곳도 찾아볼 수 없다. 현지인들의 기억을 더듬어 당시 성업중이던 여섯 곳의 북한식당을 모두 찾아가 보았다. 무언가 그때의 흔적만이라도 담고 싶었다. 북한대사관과 그리 멀지 않은 곳인 다코센터(DACO 비즈니스 센터 건물)15층에 자리한 '평양백화관'은 아직도 간판이 걸려 있었다. 이 식당은 몽골 주재 북한대사관에서 직접 운영하기 위해 식당이 들어선 건물 한 층을 매입했다는 소문도 있다. 그래서일까? 다른 북한식당은 그곳이 북한식당이었는지도 모를 만큼 흔적조차 찾을 수 없지만, 〈평양 백화관〉에는 여전히 북한식당임을 알리는 간판이 내걸렸다. 문에는 친절하게도 한글로 '공사중'이라고도 써 놓았다. 다시 문을 열 수 있는 날을 기다리는 듯 말이다.

평양고려식당 간판이 걸려 있던 곳에는
이제 아무것도 보이지 않는다

매월 몽골을 방문할 때마다, 때로는 몽골에 상주하는 동안 매일 한 번꼴로 이곳을 찾아갔다. 매일같이 북한대사관을 서성대던 발걸음처럼 혹시라도 이곳이 문을 열지는 않았을지, 때로는 관리하는 누군가와 마주치지는 않을런지 하는 작은 기대감이 컸다. 이곳 사정을 잘 아는 현지인에 따르면 북한식당을 운영할 때 판매하던 술과 화장품 등 기념상품이 아직 이곳에 그대로 남아 있다고 했다.

매번 주인 없는 식당 앞에서 이제나저제나 문이 열릴까 기대감을 품었던 적이 한두 번이 아니었다. 때로는 〈평양 백화관〉이라고 쓴 간판마저 정겹게 보였다. 인터넷 자료에 무수히 올라온 북한식당 이용 후기들을 보며 그 때를 더듬어 보았다.

대북제재를 엄격히 이행하는 몽골 정부의 정책에 따라 북한식당에서 일하던 종업원은 모두 본국으로 돌아간 상태다. 중국과 러시아, 라오스, 베트남 일부 지역에서는 대북제재에 아랑곳없이 여전히 북한식당이 성업 중이다. 그런 점에서 북한당국이 몽골에 서운함을 표시했다는 후문도 들려온다. 대한민국과의 관계나 국제사회의 책임 있는 구성원으로서 몽골은 유엔이 주도하는 대북제재를 엄격히 지킬 수밖에 없었을 것이다. 북한이 서운함을 갖는다 해도 외교무대에서 몽골이 할 수 있는 최상의 선택이지 않았을까?

북한이 미사일 발사와 핵개발을 중단하고 대북 핵협상에 성실히 임해 다시금 북한 노동자들의 해외파견이 가능해지기를 학수고대한다. 지금은 그나마 북한 사람이 해외에 나올 수 있는 유일한 통로마저 원천적으로 막혀 있는 상황이다. 해외파견 북한 노동자의 열악한 노동환경과 인권침해가 심각한 문제이지만, 그들에게는 그 길만이 유일하게 북한을 잠시라도 벗어날 수 있는 출구다. 몽골에서 일했던 약 천여 명 이상의 북한 노동자들은 지금쯤 어디에서 무엇을 하고 있을까?

17 북한 의사 협력병원

성씨는 Kim(김)

몽골에서 만난 지인은 필자가 조금만 더 일찍 몽골에 왔었더라면 북한 의사와의 만남을 주선해 줄 수도 있었다며 아쉬워했다. 그의 말을 들었을 때 당연히 농담이라 여겼다. 그동안 해외파견 북한 노동자를 만난 건 주로 식당이나 공장, 건설장 등에서 일하는 사람들 정도였다. 병원에서 진료를 보는 의사는 일반 환자들과 직접 접촉해야 한다. 물론 몽골 병원에서 일하니 한국 사람이 주 대상은 아니다. 그래도 해외 어느 곳이나 한국 교민들이 생활하고 있음을 고려하면 남북한 사람들이 의사와 환자로 만날 가능성은 충분하다. 해외 북한식당 종업원들도 한국 사람과 접촉하기는 하지만 의사와 환자로의 만남과는 성격이 다르다. 그래서 북한 의사가 현지 병원에서 일한다는 말을 믿지 않았다. 만약 북한에서 파견된 의사에게 진료를 받으면 어떤 마음일까?

그들이 일했던 병원은 지금 어떤 모습일까 궁금해졌다. 이미 대북제재로 인해 그곳에서 일하던 모든 북한 의사들은 본국으로 돌아간 상태다. 그래도 혹시나 하는 마음에 병원을 직접 찾아가 보았다.

큰 길가 뒤편으로 이어지는 골목에는 아파트와 주택이 즐비했다. 아파트 1층 상가 한쪽에 자리한 병원은 그야말로 조그마한 동네 의원 수준이었다. 현지인의 안내를 받지 않았다면 결코 찾을 수 없을 만큼 꼭꼭

숨어 있는 장소라 해야 할까? 병원 간판을 보며 제일 먼저 눈에 띈 건 삼색의 인공기였다. 몽골어로 쓰인 병원 이름 옆에 인공기가 선명히 그려져 있었다. 이곳에서 일하던 북한 의사들이 모두 고국으로 돌아갔기에, 간판에 그려진 인공기를 지울 법도 한데 그대로 내버려 두었다.

작은 문을 열고 병원에 들어섰을 때 몽골 국기와 인공기가 한눈에 들어왔다. 북한 의사에게 진료를 받을 수 있냐는 말에 병원 관계자는 낯선 경계의 눈으로 바라보며 무심히 대답했다.

"그들은 이제 여기에서 일하지 않는다."

몽골 어느 병원에서 북한 의사들이 일했다는 걸 직접 확인하고 나서야 지인의 말처럼 왜 진작 와보지 않았을까 하는 아쉬움만 더욱 커졌다.

Kim이라 쓰인 그들의 이름

그들이 모두 북한으로 돌아갔다는 말은 사실이었다. 병원 어디에서도 그들의 모습을 찾아볼 수는 없었다. 그런데 그들이 거기에 있었다. 벽면에 내걸린 홍보판에 붙은 사진에는 분명 그들의 모습이 아직도 선명히 남아 있었기 때문이다. 병원에서 근무하는 사람들을 소개하는 광고판에는 그들의 이름 석 자가 그대로 적혀 있었다. 외형상으로는 몽골 사람과 잘 구분이 되지 않아 사진 속 인물로만 봐서는 그들이 북한에서 온 의사인지 구별하기 어려웠다. 하지만 분명 그 이름 석자는 우리의 성씨와 똑같은 Kim(김)이었다.

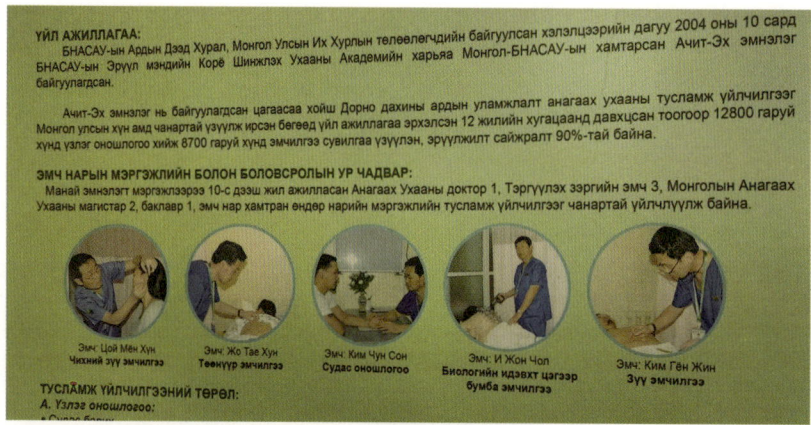

의사와 환자의 만남? 누가 이방인이었을까?

이 병원에는 모두 다섯 명의 북한의사가 근무했었다고 한다. 정말 조금만 더 일찍 몽골에 왔었더라면 그들에게 진료를 받을 수 있었을까? 왜 이제야 왔을까 하는 자책감마저 들었다. 만약 그때 진료를 왔다면 그들은 한국말을 사용하는 이방인의 방문을 어떻게 받아들였을까? 의사로서의 본분을 지키기 위해 출신과 상관없이 그냥 치료해 주었을까, 아니면 몽골에서 만난 낯선 분단인으로 진료를 거부했을까?

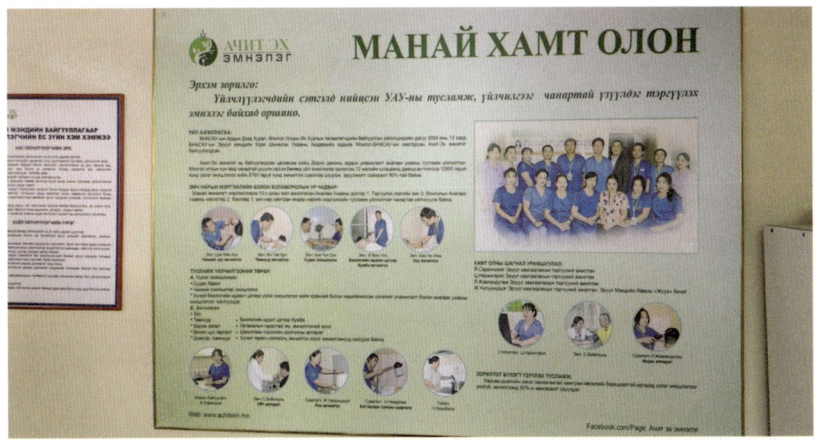

몽골 병원에서 일하던 북한 의사

17 북한 의사 협력병원

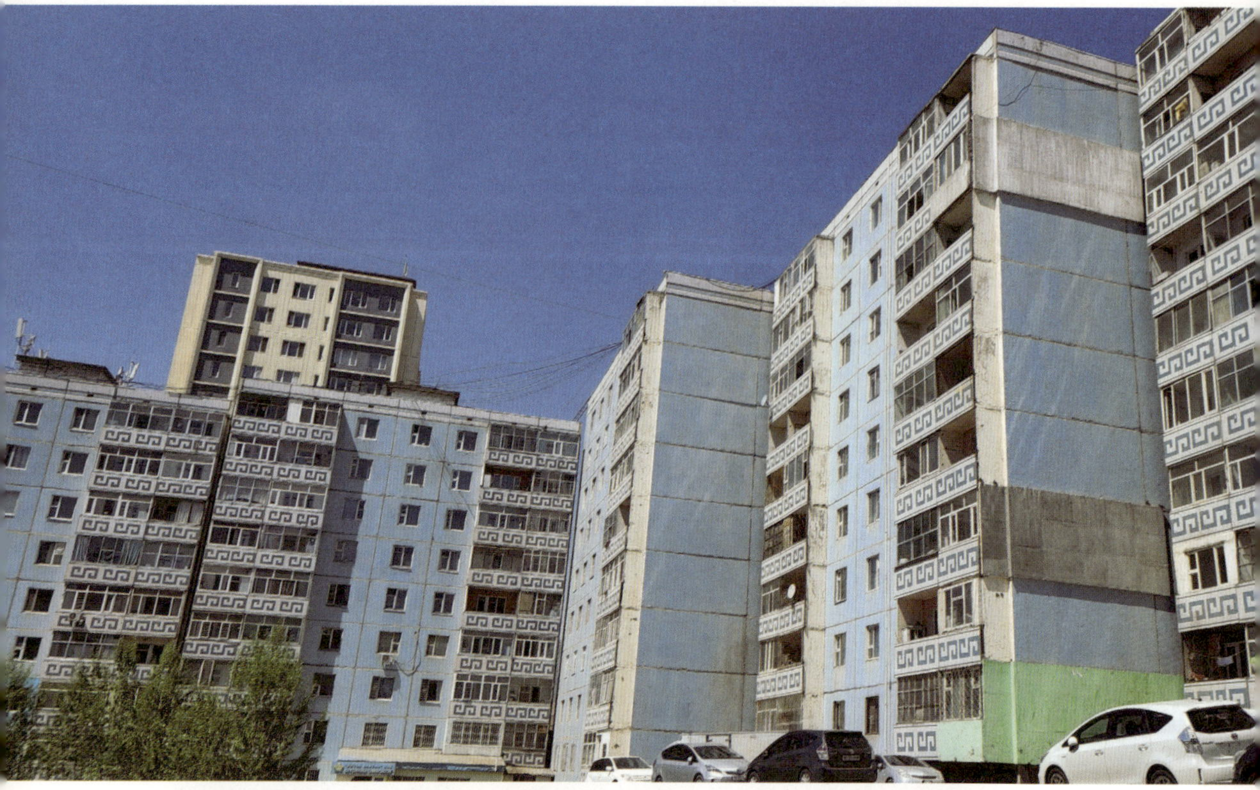

통일의 눈으로 몽골을 다시보다

⁍ 그들이 다시 돌아오기를...

혹시라도 그들의 흔적을 찾을 수 있을까 해서 병원 여기저기를 기웃거렸다. 북한 의사를 찾아왔다는 말에 병원 관계자는 조금씩 경계하며, 용무가 끝났으면 그만 돌아가라는 눈치를 보냈다. 병원에 진료를 받으러 간 게 아니니 더이상 머무는 것도 이상했다. 그 뒤로 거의 매월 한 번씩은 몽골을 방문했던 것 같다. 그때마다 어김없이 들른 곳이 바로 이 병원이다. 혹시라도 그 새 그들이 다시 일하고 있지는 않을까 하는 기대감을 품고 말이다. 하지만 언제 가더라도 그들의 모습은 보이지 않았고, 한 달마다 찾아와서 병원을 기웃거리는 이상한 외국인(?)을 바라보는 현지 병원 관계자들의 따가운 시선만이 더욱 짙어질 뿐이었다. 언제면 이들을 몽골에서 다시 볼 수 있을까? 병원이 문을 닫으면 사진으로나마 남아 있던 그들의 흔적도 영영 사라질 것이다.

만약 그들이 다시 몽골에 들어와 진료하게 된다면 어떤 일이 벌어질까 상상했다. 외국인들이 한국에 의료 관광을 오듯, 거꾸로 한국 사람들이 북한 의사에게 진료받기 위해 의료 관광을 몽골로 가는 일도 가능할까? 최소한 북한 의사와 몽골 환자 사이처럼 통역은 필요 없지 않은가. 북한 의사는 한국에서 온 환자를 어떻게 맞아줄까?

몽골 비전트립이나 통일 투어를 할 때 늘 이 병원을 방문코스에 넣는다. 물론 병원 밖에서 인공기를 바라보고, 실내에서 홍보판을 보는 정도밖에 안 되지만 말이다. 그들의 남겨진 흔적만을 돌아보는 반쪽 여행은 언제쯤이면 막을 내릴까?

18 어린이회관

세상에 부럼없어라?

몽골 '어린이회관' 건물을 보는 순간 제일 먼저 북한의 '만경대학생소년궁전'이 떠올랐다. 대리석 기둥이 세워졌고, 높은 천장은 사회주의 체제의 우월성을 건물에 그대로 녹아낸 듯 보였다. 한때는 사회주의 체제를 세뇌하는 선전장이었지만, 사회주의에서 민주주의로 전환한 지금은 아이들이 마음껏 미래를 노래하는 창작의 공간으로 변했다. 어린이회관을 찾아오는 아이들의 발걸음은 가볍고, 얼굴에는 늘 미소가 가득하다. 건물 앞에 세워진 동상에는 몽골의 어린이라면 누구나 부른다는 국민 동요 "이리 오너라 친구야" 가사가 새겨져 있다.

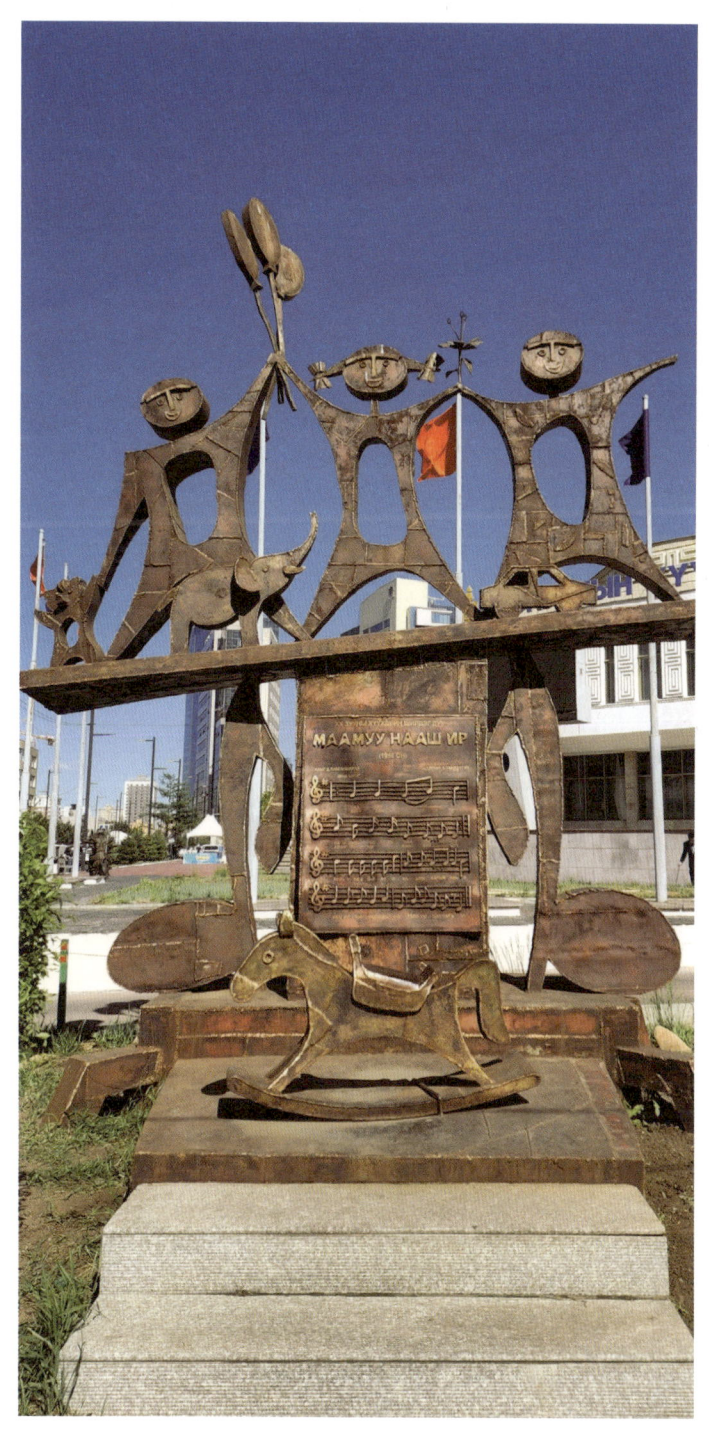

18 어린이회관

이리 오너라 친구야

이리 오너라 친구야
우리집에서 같이 놀자
부모님이 가져다 준
예쁜 장난감도 많다
말을 타고 달려가고
자동차 운전도 하고
책과 신문도 읽고
푸른 나무도 심고
같이 놀자 친구야

조선소년단 행진곡

밝아오는 조국땅에 노을빛으로
붉게 타는 넥타이를 펄펄 날려라
우리들은 공화국의 나어린 영웅들
혁명의 후비대로 배워나간다
소년단 동무들아 깃발을 높여라
대원수님 뒤를 따라 힘차게 나가자

    건물의 느낌과 모양은 북한과 비슷하지만 지금 북한의 아이들과 비교하면 전혀 다른 모습으로 다가온다. 북한 아이들은 지금 '소년단 행진곡'을 부르며 '원수님을 위한 혁명의 후비대'임을 자처한다. '세상에 부럼없어라' 노래는 또 어떠한가? "우리의 아버진 김일성원수님, 우리의 집은 당의 품"이라며 수령과 당과 대중이 하나가 되어야 살 수 있다는 점을 어릴 때부터 세뇌한다.

    어린이회관 건물의 외형을 보며 만경대학생소년궁전을 떠올렸지만, 그 실상은 전혀 달랐다. 몽골의 아이들은 세계 어디서나 인기 있다는 '방탄소년단'의 노래를 흥얼거린다. 분단의 반쪽인 또 다른 곳에는 '조선소년단'이 있다.

19 울란바타르 기차역

대륙을 잇는 관문

　통일되면 대륙을 가르는 횡단열차를 타고 몽골과 중국을 거쳐 유럽까지 이어지는 길을 늘 상상만 하던 우리이지 않은가. 시베리아 횡단열차와 중국 종단열차가 실제로 이어지는 장소가 바로 울란바타르 기차역이다. 울란바타르 기차역을 중심으로 북쪽으로 9시간을 달려가면 몽골과 러시아 국경도시 수흐바타르에 이른다. 국경만 넘으면 바이칼 호수는 물론 시베리아 횡단열차와 연결되어 유럽 어디든 갈 수 있다. 수흐바타르 반대편인 남쪽으로 방향을 잡고 13시간을 달려가면 몽골과 중국의 국경도시 자민우드에 닿는다. 역시 중국 종단열차와 맞닿아 대륙을 달릴 수 있는 곳이다.

　울란바타르 기차역은 대륙과 대륙을 잇는 종착점이자 출발역이다. 울란바타르 기차역에 발을 디딘 것만으로도 마치 대륙을 한 품에 품은 듯했다. 분단의 작은 섬나라에 갇혀 우리는 육로를 통해 다른 국가로 발을 디뎌보지 못했다. 기차 안에서 입출국 절차를 밟으며 몽골에서 탄 기차가 실제로 국경을 지나 러시아로 들어서는 순간의 감격은 어떠한가. 국경이란 정말 하나의 선에 지나지 않았음을 몽골 울란바타르 기차역에서 실감할 수 있었다.

흑백 사진 속 울란바타르 기차역

19 울란바타르 기차역

울란바타르 기차역사 실내에는 한국 편의점 CU가 입점해 있다. 건물 외벽에는 수원역과 울란바타르역간 자매결연을 기념하는 기념 표지판도 보인다. 대륙으로 향하는 기차역 곳곳에 자랑스러운 한국의 흔적을 볼 수 있지만, 정작 그곳을 지날 사람들은 서로 갈라져 하나로 이어지지 않고 있다.

수원역 자매결연

20 나랑톨 시장
북한 장마당을 떠올리다

⚑ 시내버스 타고 시장 가는 길

울란바타르의 교통체증은 이제 일상이 되었다. 출퇴근 시간이면 도심에서 1km를 이동하는 데 1시간이나 걸릴 때도 있다. 도심에 지하철이 없고 승용차 보유가 늘어남에 따라 울란바타르의 교통체증은 가히 상상을 초월한다. 몽골에서는 특이하게 모든 승용차가 택시 영업을 할 수 있다. 요금은 차량 계기판에 표시된 주행거리로 계산하면 되는데, 대략 1km에 2,000투그릭(한화 800원)정도다. 길에서 손을 들고 서 있으면 어김없이 지나던 승용차가 멈춘다. 교통체증이 워낙 심하니 시간에 따른 할증요금은 당연히 없다. 길에서 한없이 기다려야 하는 것도 문제지만 택시 영업으로 생계를 이어가는 이들에게는 미안한 시간이다.

그래서 울란바타르에서는 주로 시내버스를 타고 다녔다. 버스노선이 많지 않아 굳이 길을 몰라도 걱정할 건 없다. 대략 목적지 방향으로 길을 잡고 가장 먼저 도착하는 버스를 타고 가면 목적지에서 크게 벗어나지 않는다. 나랑톨 시장으로 가는 길은 늘 시내버스와 함께였다.

몽골 버스 카드에는 〈U money〉라는 글귀가 새겨져 있다. 마치 Unification(통일)의 U라 여기고 통일 그날, 평양 시내 곳곳을 누비는 버스 여행을 상상했다.

나랑톨 시장 입구

20 나랑톨 시장

레닌의 흉상은 나랑톨시장 내 골동품점에서 흔히 볼 수 있는 기념품이 되었다

북한의 장마당?

북한 장마당도 이런 모습일까? 몽골에서 가장 규모가 크다는 나랑톨 시장에 들어선 순간 제일 먼저 들었던 생각이다. 지난날 북중국경에서 망원렌즈에 담았던 양강도 혜산시 장마당의 모습과 외형적으로 너무도 비슷하게 보였다. 부대끼는 사람들의 애환마저 그대로 배어있는 듯했다. 북한의 장마당과 비슷하다는 생각이 든 건, 이곳 나랑톨 시장에서 도매로 물건을 실은 화물차가 몽골 전역으로 간다는 사실 때문이었다. 혜산 장마당에도 줄지어 선 화물차가 분주히 물건을 실어 날랐다. 이동의 자유가 없는 폐쇄된 북한 사회를 변화의 장으로 이끄는 건 장사꾼이다. 중국과 인접한 혜산 장마당에서 물건을 구입한 도매꾼들은 북한 내륙 곳곳을 누비며 물건을 공급한다. 나랑톨 시장에 줄지어 서서 물건을 실어주는 수레꾼도 북한 장마당과 비슷한 모습이었다. 개인이 직접 나무를 이리저리 엮고 바큇살을 붙여 만들었음직한 손수레는 북한 장마당에서 없어서는 안 될 필수품이다. 나랑톨 시장에서도 손수레꾼들의 분주한 움직임은 시장을 살아 꿈틀거리게 하는 원동력처럼 보였다. 하루에 수백 번은 족히 나르고 또 옮겨야 겨우 가족들의 생계를 책임질 수 있다는 현지인의 말을 들으며, 북한 장마당에서 역시 손수레에 가족의 생계를 걸었을 어느 가장을 떠올렸다. 영하 40도가 넘는 한겨울 혹한의 날씨에도 아랑곳없이 나랑톨 시장을 지켜내는 그들의 모습이 한편으로 경이롭게까지 느껴졌다. 북한 장마당에서 오늘 하루를 살아내고 있을 그들의 삶도 그러하리라.

북중국경에서 촬영한 북한 장마당의 모습: 남한 출신 사람들은 북한의 장마당 사진이 신기한 듯 바라보지만, 북한 출신 사람들은 얼굴 하나하나를 뚫어지게 살핀다. 혹시나 내 가족이 있지 않을까 하는 간절함으로...

20 나랑폴 시장

압록강 법랑

　나랑톨 시장을 수도 없이 오가며 발품 팔아 겨우 북한 물건을 하나 구할 수 있었다. 접시와 그릇을 파는 매대에 진열된 모든 제품을 들춰 보았다. 그릇 밑면에 표기해 두었을 북한 글씨를 찾기 위해서였다. 몽골에 머무는 동안 나랑톨 시장이 휴장하는 화요일을 제외하고 거의 매일 이곳을 방문했다. 하지만 낯선 나라의 골동품 상점에서 북한 물건 하나 구하기란 여간 어려운 일이 아니었다.

　그래도 포기하지 않고 혹시나 하는 마음으로 그릇을 들어본 순간, 선명하게 "압록강"이라고 쓴 글자가 가슴을 뛰게 했다. 북한에서 만든 그릇임이 틀림없을 거라 확신했지만 그래도 다시한번 확인해야 했다. 페이스북을 통해 고향이 북쪽인 페친(페이스북 친구)들께 도움을 구했다.

 강동완
★ 즐겨찾기 · 2022년 11월 16일 · 🌐

<이 북한 그릇 써보신 분을 찾습니다^^~~>
그동안 몽골 벼룩시장에서 아무리 발품 팔아도 북한물건을 전혀 구할수가 없었지요. 이번에도 역시 거의 포기한 채 발길을 돌리려던 그때, 너무 감격스러운 순간이었습니다.
무심코 뒤집어 본 하얀 그릇에 압록강이라는 글씨가 선명히 눈에 띄었습니다. 그리고 MADE IN D.P.R.O. korea라고 쓰인 영문까지. 자세히 보면 압록강철교?
이거 분명 북한 그릇 맞겠지요?

정인근
몽골에 갈일이 없지만 저도 가게되면 몽골벼룩시장에 꼭 가야겠습니다 ㅎㅎ 너무 귀하십니다. 진짜 윗동네분들을 사랑하시는 마음 본받겠습니다.

좋아요 · 답글 달기 · 24주 · 수정됨 · 3

 강동완
정인근 다음에 꼭 함께 가시지요. 같이 가실때가 많아지셨습니다. 서해안 쓰레기도 주우셔야 하구요^^~~

좋아요 · 답글 달기 · 24주

 정인근
강동완 맞습니다 백령도와 연평도에서 쓰레기는 꼭 줍고 싶습니다 ㅠㅠㅠ

좋아요 · 답글 달기 · 24주

 이현동
저거 80년대 법랑그릇인데? 어릴적에 엄마 밥퍼주던 ㅠㅠ이젠 기억속에서 살아져가는 추억이네요

좋아요 · 답글 달기 · 24주 · 수정됨 · 4

 강동완
이현동 아~~~그냥 볼때도 저에게는 귀한 물건인데, 엄마가 밥퍼주던 기억의 물건이라니 더욱 소중히 안겨옵니다. 귀한 정보 알려주셔서 정말 고맙습니다.

좋아요 · 답글 달기 · 24주 · 2

 Jihyun Park
이현동 그렇죠 나도 썼던 기억이 ㅠ

좋아요 · 답글 달기 · 24주

↳ 답글 1개 더 보기

 Lee Kong
북한에서 제일 큰 신의주 법랑철기 공장에서 생산한 제품입니다. 1970 — 80년대에 몽골과 동유럽 나라들에 수출을 적지않게 했던 품목중의 하나입니다.. 이젠 북한에도 남아있지않은 골동품을 찾으셨네요

좋아요 · 답글 달기 · 24주 · 수정됨 · 15

 강동완
김태산 체코주재 사장님으로 계셨던 경험으로 너무도 상세한 정보를 알려주셔서 너무 감사드립니다. 북한이 그당시 동유럽과 몽골에 법랑철기를 수출할 정도였네요. 더욱 진귀한 물건이네요^^~~

좋아요 · 답글 달기 · 24주 · 수정됨 · 4

 권효진
법랑철기그릇이네요 금속에 유리코팅을 했죠~아마도 압록강 철기 일것입니다^당시 금속으로 생필품을 만드는 공장을 철기라고 지칭했으니까요

좋아요 · 답글 달기 · 24주

 강동완
권효진 넵 저도 처음에 만져보고 깜짝놀랐습니다. 플라스틱인줄 알았는데 아니더라구요. 금속으로 생필품 만들던 그때 그시절의 북한이네요. 귀한 정보 진심으로 감사드립니다

좋아요 · 답글 달기 · 24주 · 2

권효진
강동완 법랑철기는 중국이 먼저였죠^60년대에 저희집에 한자로쓴법랑철기 물컵이여러개 있어요~우리어머니가 길림성 분이라~

좋아요 답글 달기 24주

 진혜성
당시로서는 최고였지만
후에 중국법랑이 더 좋았죠.
북한것은 무겁고. 색도 안되구...
인차 법랑이 떨어지면 녹쓸어 구멍나고...해서 알루미늄 그릇을 반짝반짝 닦기는 힘들어도 무랍없이 썼어요. 이런법랑그릇은 장식품.

하긴 제철. 제강업도 일본보다 안되어 두꺼웠으니 무겁고. 대신 약하고...
북한에 흔한게 철이니...

좋아요 답글 달기 24주

 김보빈
저희집도 저법랑그릇 사용했어는디

좋아요 답글 달기 24주

 들국화
신의주에서 살면서 이 법랑그릇 정말 많이도 썼네요.

사진 이렇게 보게되니 고향생각이 납니다.
교수님 감사합니다

좋아요 답글 달기 24주

 Sun Hwa Choi
법랑그릇 추억이참많아요

좋아요 답글 달기 24주

 이춘화 ...

좋아요 답글 달기 24주

 최철웅
보물수집가이시네요.

좋아요 답글 달기 24주

 Charles Kim
이거 신의주 법랑 철제 에서 나오는 제품입니다... 중국 제 보다 질이 더 좋습니다... 지금은 어떨련지..아마 .신의주 가정집에 한두개는 다 소장하고 있을걸요...김치 지지개 담아 먹고,.ㅎㅎ

좋아요 답글 달기 24주   2

SeeNi Li
진짜 어렸을때는 사기그릇보다 법랑그릇을 더 많이 썼던거 같습니다.
교수님 덕분에 또 한번 옛추억을 살려봅니다. 고맙습니다.

좋아요   답글 달기   24주   수정됨

하얀재가
법랑그릇 맞아요
이것보다 사이즈 큰 그릇 많아요

좋아요   답글 달기   24주

오용섭
축하합니다. 귀국하시면 바로올레에서 스테이크 대접하겠습니다.

좋아요   답글 달기   24주

Eungtaek Jeong
축하합니다~강교수님

좋아요   답글 달기   24주

황현정

좋아요   답글 달기   24주

황현정
우리집 식장 (장식장)에 진열해놓은 법랑그릇들~ 대,중,소^
명절날마다 꽃그릇에 좋은음식 담아 먹던 옛추억이 새록새록 ^

한번 쓰고는 물기를 충분히 제거하여야 녹쓸지 않는 법랑그릇^

아끼던 그릇 빵꾸나면 땜때기 해서 썻떤 추억들이 센터장님 통해 또다시 상기합니다. 센터장님~ 감사합니다.

좋아요   답글 달기   24주

Harper Kim
70년대에는 북한이
더 잘살던 때라고 하던 데
여기 댓글 다신 분들은 좋은 추억이 많으신가 보네요.

좋아요   답글 달기   24주

David Choi
존경스럽습니다 저는 북한그림에관심많습니다

좋아요   답글 달기   24주

20 나랑돌 시장

김행복
감회가 새롭네요 👍

좋아요   답글 달기   24주

박창규
70년대 초, 남한과 거의 같은 무렵이군요.
흑백 테레비, 스뎅 밥그릇,석유곤로, 법랑 밥그릇 및 냄비,전기밥솥... 👍

좋아요   답글 달기   24주

강미화
법랑그릇이라고 부릅니다.북한에서는요
 2

좋아요   답글 달기   24주

박창규
강미화 그렇군요.
법랑그릇세트, 석유곤로,밍크담요 등
어머니들은 일시불로 사기 버거워서 10명이 계를 들어서(10개월간) 샀답니다.
매 달 한 집씩. 👍

좋아요   답글 달기   24주

강동완
고향에 대한 추억과 그리움이 절절히 묻어나는 많은 댓글을 보며 조금 놀라기도 하고 미안한 마음이 더 큽니다. 이 작은 그릇 하나에도 이토록 많은 기억들을 떠올리는건 두고온 고향에 대한 그리움 때문일것입니다. 하루속히 통일의 그날 오기만을 간절히 바래봅니다. 댓글 주신 고향이 북쪽이신 분들께 참으로 고맙다는 말씀드립니다.
 4

좋아요   답글 달기   24주

윤봉원
사진 하나로 책 한권 쓰셔도 될 자료를 모으셨네요. 티끌모아 태산이라. 천 리길도 한 거름부터의 주인공이심을 축하드립니다!! 👍

좋아요   답글 달기   24주   수정됨

도명학
모서리가 둥글써한 법랑벤또두 상각나네요.

좋아요   답글 달기   24주

훈장과 표장

통일되면 김일성 훈장도 이처럼 시장에서 거래될까? 참전기념 훈장부터 표장까지 나랑톨 시장 한켠을 가득 메운 알록달록 훈장들이 마치 북한 군인 군복에 내걸린 휘장처럼 보였다. 공산주의의 표상이었던 레닌의 흉상은 골동품 가게 기념상품으로 전락한 지 오래다. 그래도 다른 흉상 보다 두 배 이상 높은 가격에 거래되는 게 역설적인 위안일까?

나랑톨시장골동품점에서 구한 북한우표(우리는 하나다)

남양주거리

울란바타르 시내에서 나랑톨 시장을 가다 보면 〈남양주거리〉를 지나게 된다. 국영백화점 앞 〈서울의 거리〉처럼 지난 1998년 10월 울란바타르와 남양주시가 우호 협력을 체결할 당시 남양주시 거리를 지정하기로 약속했다. 수십년이 지났으니 지금은 명맥만 겨우 유지하고 있다. 그래도 〈서울의 거리〉, 〈남양주 거리〉 등 한글 표지판을 낯선 나라에서 마주하는 건 그 자체만으로도 위안이 되었다.

북한 국기 색을 닮은 주유소 지붕

나랑톨 시장으로 향하는 도로에는 몇 군데의 주유소가 성업 중이다. 그런데 주유소 지붕 색깔을 보는 순간 북한의 국기가 떠올랐다. "휘날려라 공화국기 우리 삼색기"라는 제목의 북한 노래 제목처럼 삼색은 빨강, 파랑, 흰색을 의미한다. 그리고 보니 몽골 국기 색도 삼색이었다.

북한국기를 닮은 주유소

21

철도박물관

조선직업총동맹 휘장

 몽골 철도박물관은 실내와 야외 두 곳이 있다. 울란바타르 기차역에서 도보로 10분 정도 거리에 있는 실내 박물관은 몽골 열차에 관한 역사적인 자료를 한눈에 볼 수 있는 곳이다. 사회주의 체제 시절 구소련은 물론 중국과 연결된 국경열차가 처음으로 개통되던 날의 모습은 오래된 흑백사진 속 기억으로 남겨졌다. 중국, 러시아와 국경을 접한 몽골은 기차 하나로 대륙과 대륙을 연결하는 중심지 역할을 한다. 박물관 내에 전시된 몽골종단철도의 노선도만 보더라도 몽골 기차의 연결성이 얼마나 위대한 노정인지를 알 수 있다. 장비 하나 변변히 갖추지 못했던 그 시절, 일일이 사람 손으로 철로를 놓고 길을 내던 수고는 이제 박물관의 추억으로만 남았다.

 박물관을 둘러보며 혹시라도 북한과 관련된 자료가 있는지 세심하게 찾았다. 몽골과 구소련의 철도 협력에 관한 전시물이 많았기에 분명 북한과 몽골간 철도 관련 자료가 있을 것이라 기대했다. 절실한 마음이 통했을까? 박물관 안내인으로부터 뜻밖의 제안을 받았다. 오래된 흑백 영상으로 남겨진 자료가 있는데, 얼마 전부터 재생이 안 되어 난감하다며 어떻게 하면 좋겠냐며 도움을 청했다. 1956년과 1988년 김일성이 몽골 울란바타르를 방문할 때 기차를 이용했기 때문에 관련 영상을 이곳 철도박물관에서 보관하고 있었다. 당시의 기록을 남긴 유일한 데이터

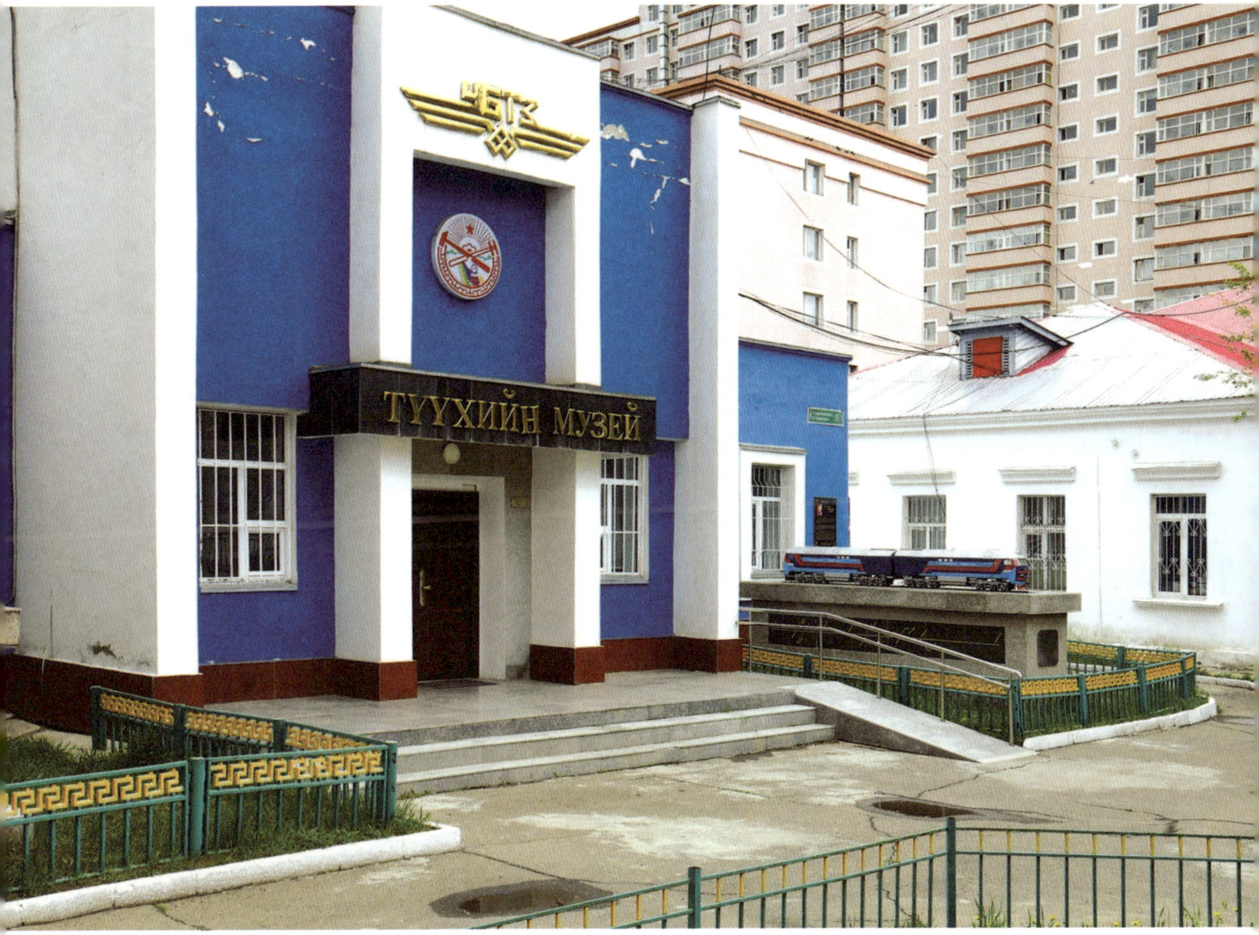
УБТЗ
ТҮҮХИЙН МУЗЕЙ

УБТЗ-ын ТҮҮХИЙН МУЗЕЙ
THE HISTORICAL MUSEUM OF MONGOLIAN RAILWAY
Үнэ ....1000.........

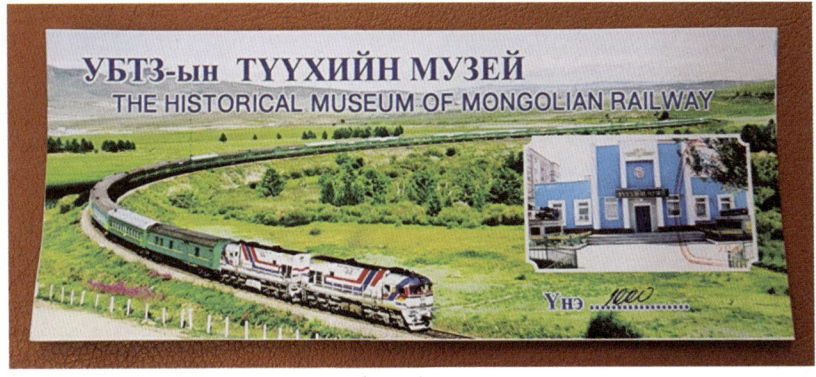

파일이라 더욱 복원이 절실하다는 그의 말에 문득 방법이 떠올랐다. 자료를 확보하고 싶은 마음에 한국에 돌아가서 파일을 복원해 드리겠다며 큰소리쳤다. 어떻게든 복원해 김일성이 몽골을 방문했던 그 시절의 모습을 확인해 보고 싶었다. 물론 자료 소장에 대한 욕심은 더 컸다.

한국에 돌아오자마자 함께 일하는 팀장님께 부탁을 드렸다. 어떻게든 파일을 살려달라고. 무슨 일이든 뚝딱 해결해 주는 전문가 팀장님의 도움으로 그리 어렵지 않게 파일 복원에 성공했고, 흑백 영상의 기록으로 남겨진 당시를 또렷이 확인할 수 있었다.

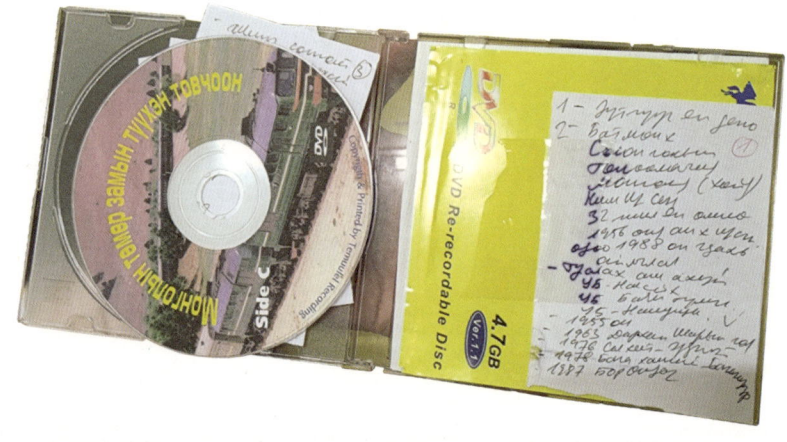

조선직업총동맹 휘장

　복원한 파일을 들고 당당히(?) 박물관을 다시 찾아갔다. 박물관 관리인은 복원된 CD를 받아안고 너무도 기뻐했다. 잠시만 기다리라며 어디론가 다녀온 그의 손에는 낯선 휘장 하나가 들려 있었다. 한눈에 봐도 진귀한 보물(?)로 보였는데, 박물관 수장고에 있던 걸 잠시 가져온 것이라며 책상에 펼쳐놓았다. 파일을 복원해 준 답례로 무어라도 해야 한다며 손에 건네주었다. 북한 철도 관련 기관에서 몽골을 방문했을 때 건넨 휘장(펜던트)이었다. '조선직업총동맹'이라 쓴 휘장에는 낫과 붓, 망치로 상징되는 조선로동당 마크가 선명히 새겨져 있었다.

　기계로 제작한 것이 아니라, 바느질로 일일이 수를 놓았는데, 오래 전에 만들어졌음을 미루어 알 수 있었다. 한국의 박물관에 기증해 주면 안 되겠냐는 말은 차마 건네지 못했다. 박물관 수장고에 보관 중이던 기념물이니 그 관리인이 함부로 처분할 수 있는 물건이 아님을 잘 알고 있었다. 이리저리 돌려가며 여러 장의 사진을 찍고 고이 돌려드렸다. 몽골 기차 박물관에 가신다면 관리인께 부탁드려 수장고에 있을 이 휘장을 꼭 구경해 보시기를.

야외박물관

몽골 철도 야외박물관은 자동차가 달리는 도로 옆 공터에 조성되어 있다. 몽골에서 처음으로 운행한 기차부터, 구소련 시기 몽골과 소련을 오갔던 기차가 당시 모습 그대로 전시된 공간을 마주한다. 마침 야외박물관을 찾아간 날, 레닌의 흉상이 붙은 기차의 도색작업이 한창이었다. 역사 속으로 사라진 공산주의처럼 녹슨 기차에 내걸린 레닌의 흉상은 페인트칠로 새롭게 단장 하며 관광객을 맞는 전시품으로 전락했다. 구소련의 경제적 지원을 받은 몽골에서는 레닌의 위상이 남다르다고 해야 할까? 역사속 뒤안길로 사라진 구소련의 영화로웠던 날은 지금의 기차처럼 한적한 박물관의 전시물로만 남아 있을 뿐이다.

북한의 김씨 일가가 타고 다녔다며 성물처럼 보존하는 전용 열차도 통일 그날, 한낮 박물관에서나 봄 직한 역사의 낡은 부스러기에 지나지 않음을 그들은 지금 알고 있을는지.

21 철도박물관

그 밖에 둘러볼 곳

식품점 어디를 가도 한국 제품은 단연 인기다

그나마 날씨가 조금 풀렸다고 했다 영하 26도를 가리킨다

어느 호텔 로비에 북한그림이 걸려 있었다
지인을 통해 구입하려 했지만 결국 가격 협상에 실패했다

22

아스탄볼락

북한 학교 건물의 흔적을 찾아서

　울란바타르 시내를 벗어나 한적한 시골길로 들어섰다. 차창 밖으로 보이는 풍경은 도심을 조금만 벗어나면 몽골 어디서나 쉬이 볼 수 있는 익숙함이다. 드넓은 초원이 파란 하늘과 맞닿아 마치 천상의 세계로 이끄는 것처럼 끝없이 길은 이어진다. 울퉁불퉁 도로에 속도를 내지 못하고 느릿느릿 달리는 버스 앞으로 한 무리의 소가 지나간다. 바쁜 도시의 시간이 아니라 자연의 시간 안에서 도로를 다 건너갈 때까지 그저 기다려주면 될 일이었다.

　울란바타르에서 아스탄볼락으로 향하는 길은 바쁜 현대인의 삶에 구애받지 않는 한가로움을 선사한다. 도로와 초원의 경계를 이루는 작은 강물은 또 어떤가? 굽이쳐 흐르는 장엄한 물줄기도, 졸졸 시냇물도 아닌 딱 필요한 그만큼의 물줄기가 대지를 적셨다. 도로 옆을 흐르는 물줄기가 마치 아스탄볼락으로 향하는 안내인처럼 느껴졌다. 물이 귀한 사막과 초원에서 꽤나 너른 강줄기가 그곳으로 향했.

　울란바타르에서 버스를 타면 약 한 시간 정도 걸리는 길.
　길가에 피어난 풀 한 포기 돌맹이 하나까지도 눈에 담으려 했던 데는 특별한 이유가 있었다. 이 길은 북한에서 온 고아들이 어머니를 그리던 길, 고향 땅 언저리를 마음에 새기던 바로 그 길이었기 때문이다.

22 아스탄볼락

마침 학교를 방문한 날, 선생님들이 직접 페인트칠을 하며 새단장을 하고 있었다

아스탄볼락에 있는 마을을 찾은 건 아주 특별한 시간여행을 떠나기 위해서였다. 북한 고아들이 여름 학교로 보내던 장소로 알려진 곳이었다. 몽골에서는 여름 시기에 따로 시간을 보내는 장소가 있다. 울란바타르 대통령궁도 여름 궁전과 겨울 궁전이 따로 있다. 그만큼 날씨에 따른 생활환경이 다른게 몽골의 특징이다. 여름철이면 울란바타르의 지독한 교통체증도 잠시 완화되는데, 시민 대부분이 여름을 보내기 위해 지방으로 가기 때문이다.

몽골로 보내진 전쟁고아들도 여름이면 바로 이곳 아스탄볼락에서 여름을 지냈다. 그리고 그들이 돌아간 후 북한당국은 전쟁고아를 돌봐준 몽골에 고마움을 전하기 위해 몽골 현지에 학교를 선물로 지어주었다고 한다. 북한에서 온 건설노동자 200여 명이 직접 와서 밤낮을 가리지 않고 공사를 진행해 학교와 기숙사, 화장실 등의 건물을 완성했다. 북한 사람이 설계하고 공사를 하다 보니 건물 구조가 북한에 있는 학교 모양과 똑같다고 한다.

특별한 동행인

이 학교를 방문한 날은 특별한 동행인과 함께였다. 함경북도 청진이 고향인 탈북민과 함께 몽골여행을 하는 중에 이 학교를 찾아간 것이다. 아마 그가 아니었다면 이 학교 건물 구조가 북한에 있는 학교와 똑같은 구조였다는 사실을 실감하지 못했을 거다. 건물에 들어서자마자 제일 먼저 눈에 띈건 트로피와 학교 상징물을 전시해 놓은 벽면이었다. 현관에서 제일 먼저 눈에 띄게, 그것도 대리석으로 만들어 놓은 이 공간이 그가 아니었다면 아마 특별한 의미의 공간인지 절대 알지 못했을 거다.

북한 학교에서 이 공간은 다름 아닌 김일성 김정일 초상과 동상을 세워두는 곳이라 했다. 학교 현관에 들어서자마자 북한아이들은 여기에 인사를 하고 들어간다고 한다. 이곳 학교 역시 예전에는 이 공간에 김일성의 상징물이 있었지만, 지금은 모두 철거하고 학교 기념패와 트로피 등을 전시해 놓았다.

김일성 학급?

북한 학교 건물과 구조가 같다는 말에 구석구석 둘러보았다. 복도의 넓이, 교실 배치 구조, 천정의 높이까지 마치 북한의 어느 학교를 방문한 것처럼 세심히 살폈다. 최소한 지금 당장은 가보지 못하는 북한 학교이기에 이곳에서나마 북녘 아이들의 생활상을 상상해 보았다. 바로 그때, 학교 내에서도 특별한(?)교실을 보여주겠다는 관계자의 안내를 받으며 2층으로 올라갔다. 교실로 들어서는 출입문에 〈김일성 학급〉이라 쓴 푯말이 눈에 띄었다. 김일성 학급? 학교 시설을 안내해 주시던 선생님께서는 대수롭지 않은 듯 이 공간은 학교 과학실로 사용하는 곳이라 말했지만, 김일성 학급이라는 푯말은 남한 사람이 쉬이 볼 표현은 아니었다.

조심스럽게 문을 열고 교실로 들어섰을 때 왜 이 공간을 김일성 학급이라 부르는지 알 수 있는 단서가 보였다. 바로 교실 벽 한가운데 내걸린 김일성 초상이었다. 〈김일성 학급〉이라 쓰인 교실은 이 학교에서

특별한 의미의 공간임이 분명했다. 북한이 학교를 지어주고 정치선전을 위한 상징적인 공간이 필요했을 거다. 그렇다고 김일성 동상을 몽골학교에 세워놓을 수는 없었을 것이고, 대신 교실 하나를 통째로 기념하는 선전공간 정도로 만들어 놓았다.

몽골의 아이들은 왜 김일성학급인지 알고 있을까? 그리고 교실벽에 내걸린 저 초상사진을 보면서 어떤 생각을 할까? 또 지금 자신들 앞에 서 있는 사람들은 남한과 북한으로 갈라진 반쪽의 사람들이라는 사실을 알까?

몽골 주재 북한대사관에서 매년 경비를 지원한다. 코로나19 이전까지만 해도 북한에서 방문단이 직접 이 학교를 찾아올 정도로 의미가 큰 곳이다. 몽골과 북한 사이에 모든 차편이 끊긴 지금, 북한방문단은 더이상 이곳을 찾지 않는다. 그래도 북한의 재정적 지원과 협조는 계속 이어진다고 한다. 얼마 전까지만 하더라도 주몽골 북한대사관 관계자가 다녀갔다고 한다. 학교측에서는 시간 차이를 둔 방문객이지만, 우리로서는 분명 남북한 사람들이라는 차이가 있다.

학교에서 마주한 몽골 아이들. 이들은 김일성학급에서 공부하면서 김일성에 대해 어떻게 알고 있을까?

70여 년 전, 이곳에서 여름을 보내던 북한 전쟁고아들의 흔적은 어디에도 찾아볼 수 없다
단지 그때 이곳에 아이들이 머물렀다는 사실만이 기억으로 전해질 뿐이다

교실칠판에는 독재자의 초상사진이 아니라 아이들의 꿈이 내걸려야 한다

23 테를지국립공원

초원의 나라에서 엿본 금강산

몽골의 자연은 경이롭다. 더없이 푸른 하늘은 초록의 대지와 맞닿아 있고, 대지는 모든 살아있는 것들의 어머니가 된다. 숨이 턱턱 막힐 것 같은 빌딩 숲도, 희뿌연 매연도, 앞만 보고 달려가는 빛의 속도에 갇혀 버린 사람들도 이곳에서는 볼 수 없다.

울란바타르에서 차로 약 50분 정도를 달려가면 몽골의 또 다른 얼굴을 마주한다. 공항과 울란바타르 시내를 연결하는 공항고속도로를 제외하면 어쩌면 몽골에 단 하나밖에 없을지도 모를 고속도로는 테를지국립공원에 얼마나 많은 방문객이 찾아오는지를 말해주는 듯하다. 하지만 테를지국립공원으로 향하는 고속도로는 테를지국립공원과는 왠지 어울리지 않는다. 빠르고 안전하게 내달리지만 테를지가 선사하는 선물을 너무도 편하게 받아 안는 것 같아 미안하기 때문이다. 바쁜 현대인의 삶과 테를지의 시간은 분명 다르게 흐른다. 시선이 끝나는 지점이 어디인지 알 수 없을 만큼 끝없이 펼쳐진 푸르른 초원 위에 양과 소, 말들이 한가로이 풀을 뜯는다. 오토바이를 탄 목동은 마치 어제와 오늘을 오가듯 문명의 이기 속에 유목민의 삶을 이어간다.

테를지로 향하는 길

23 테를지국립공원

같은장소 다른시간

23 테를지국립공원

몽골 초원의 유목민도 위성안테나로 세상과 접속하는 시대에, 북한은 고립을 자처한다

통일의 눈으로 몽골을 다시보다

테를지국립공원에서 열리는 마상쇼가 관광객의 시선을 사로 잡는다

테를지국립공원이 시작되는 매표소를 지나 조금만 달려가면 아스팔트 길이 끝나고 비포장 도로가 펼쳐진다. 구불구불 S자로 꺾인 내리막길을 비포장 상태로 그냥 둔건 눈이 많이 내리는 몽골에서 겨울을 지내기 위한 지혜다. 인공적으로 염화칼슘을 뿌리고 쌓인 눈을 쓰레기처럼 치우는 것이 아니라, 비포장도로라 울퉁불퉁 불편함직도 하지만 땅을 오염시키지 않고 사람과 차를 맞이하기 위한 테를지의 지혜다.

통일의 눈으로 몽골을 다시보다

콘크리트와 철근으로 만든 다리가 아니라 그 옛날 나무를 얼기설기 엮어 만든 다리가 테를지의 시간을 말해주는 듯하다. 테를지국립공원 안으로 들어서면 너른 초원이 끝나고 기암괴석이 펼쳐진다. 초원과 사막을 연상하는 몽골의 자연에서 이토록 웅장한 바위산을 보는 건 그저 자연의 위대함으로밖에 표현할 길이 없다. 푸른 초원이 거대한 바위산을 품고, 바위산은 틈새마다 온갖 생명을 품어낸다.

기암괴석이 산을 이룬 테를지국립공원은 북녘의 금강산과 많이 닮았다. 닮은 정도가 아니라 실제로 금강산 일만 이천 봉우리 중 몇 개를 옮겨놓은 듯하다. 테를지의 기암괴석이 금강산과 닮았다고 느낀 건 실제로 이 두 곳의 바위 성질과 형상이 똑같기 때문이다. 천상의 공간이 땅 위에 그대로 내려앉았다고 표현하면 적절할까? 분단인의 눈에 비친 테를지국립공원은 또 하나의 금강산이다.

23 테를지국립공원

23 테를지국립공원

거북바위? 한반도 바위?

이토록 아름다운 자연의 품속에서 쉼을 누리고 싶었다. 통일 오직 한 길을 위해 부단히도 달려오며 애썼을 그 마음들을 잠시 내려놓고 지나온 걸음을 되돌아본다. 비워야 또 채울 수 있기에 금강산을 닮은 테를지국립공원은 통일의 마음을 가다듬는 넉넉함일지도 모르겠다.

그렇게 수많은 기암괴석에 감탄하며 테를지의 품속을 달리다 보면 유독 많은 사람이 몰려 있는 바위 하나를 보게 된다. 멀리서 봐도 거북이 형상과 똑같다는 걸 한눈에 알 수 있다. 테를지국립공원을 대표하는 거북바위다. 인간의 크기로는 가늠조차 할 수 없는 거대한 크기의 바위 덩어리가 어쩌다 거북이와 똑같은 모양이 되었는지는 자연을 창조한 신의 영역이다.

테를지국립공원의 대표적인 명소답게 관광객들의 발걸음이 끊이지 않는다. 거북바위 앞에서 기념사진을 찍는 사람들로 장사진을 이룬다. 그런데 사람들이 똑같이 바라보는 방향이 아니라 반대편에서 거북바위

한반도 지도 모양의 바위

를 다시 살펴봤다. 통일의 눈으로 세상을 보는 건 모든 이들의 똑같은 시선이 아니라, 말 그대로 통일의 렌즈를 하나 더 끼고 세상을 마주하는 것이다.

놀랍게도 거북바위 정면에서 볼 때는 분명 거북이 형상이었지만, 반대편에서 보니 그토록 바라던 한반도 모양이 선명하게 새겨졌다. 거북바위가 아닌 한반도바위라 이름 지어줄 만큼 분명 한반도 지도와 똑 닮았다. 더 놀라운 건 가까이 가서 보니 남북한을 가르는 경계선처럼 바위틈이 갈라져 있었다. 여러 개의 바위가 겹겹이 쌓여 하나의 형상을 만들었는데 어찌된 일인지 정확히 휴전선처럼 바위가 갈라져 마치 경계선처럼 보였다. 거북바위가 분명 한반도 모양처럼 보였지만 '통일 바위'로 명명하지 못한 이유다.

우린 아직, 여전히, 하나가 아니다.
앞으로도, 영원히 그렇다면 어이할까.

강 건너 사람들

때로는 길이 아니어도 좋을 듯하다. 물길을 거스르는 거친 반역이 아니라 물속으로 길을 내어준 강의 따스함이라 해야할까? 테를지국립공원 매표소를 기점으로 안쪽으로 고갯마무를 몇 개 넘어가면 조그만 도로도 끊기고 너른 강에 이른다. 더 이상 앞으로 나아가지 못하고 강변에서 차를 돌려야 하는 순간, 강 건너편에서 차 한 대가 강을 향해 그대로 내달린다. 자동차가 물속에 거의 반쯤이나 잠겼지만, 거침없이 물살을 가른다. 강물에 보이지 않지만 말 그대로 물 길 하나가 이편과 저편을 연결한다. 자동차뿐만이 아닌 말을 타고 건너는 현지인들은 강물도 길의 일부로 여기는 것 같다.

똑같은 장소를 여름과 겨울에 찾아가 보았다. 한겨울 테를지국립공원은 하얀 눈발이 겹겹이 쌓여 그야말로 설원이 펼쳐진다. 영하 40도의 날씨에 강물은 꽁꽁 얼어붙어 땅과 마주한다. 두껍게 얼어붙은 강물 위로 역시 차가 지난다. 한여름에 강물을 거슬렀던 그곳이 겨울이 되면 하얀 얼음도로로 변한다.

자동차에 질긴 끈을 연결해 썰매를 매달고 기상천외한 눈썰매를 즐기기도 하고, 몽골에서 흔히 보는 말이 얼음 위를 내달리는 썰매를 끈다. 땔감을 주워 오는 아낙네에게는 이음의 통로가 되고, 학교에 가는 아이들에게는 더없이 편안한 통학로가 된다. 그렇게 강물은 나누고 또 잇는다.

23 테를지국립공원

23 테를지국립공원

칭기즈칸 동상: 세계에서 가장 큰 기마동상

테를지국립공원으로 가는 길에서 조금 방향을 돌려 천진벌덕(Tsonjin Boldog)벌판을 달리다 보면 거대한 동상 하나가 눈에 띈다. 광활한 초원 위에서 홀로 우뚝 서 하늘에 닿을 만큼 크다. 바로 몽골의 상징인 칭기즈칸의 기마 동상이다. 지상 50m 높이 중 건물은 10m, 동상이 40m에 이르며 250t의 강철이 사용됐다. 전시관 로비에는 250마리의 소가죽으로 만든 기마용 장화인 고틀과 말채찍이 전시되어 있다.

세계에서 가장 큰 기마상이라는 명성만큼 그 크기는 상상을 초월한다. 한 인간의 위대함을 저렇게 표현할 수도 있겠다는 경이로움마저 든다. 승강기를 타고 올라가면 칭기즈칸의 팔에 안긴(?) 채 세상을 내려다볼 수 있다. 동상 크기에 한 번 매료되고, 승강기를 오르고 동상 밖으로 나와서 또 한번 놀라고, 동상 아래로 펼쳐지는 장엄한 풍광에 연신 감탄사를 쏟아낸다. 광활한 초원의 기운이 하늘에 닿는다.

동상은 어느 각도에서 바라보느냐에 따라 전혀 다른 느낌이다

동상 내부에 설치된 승강기를 타면 동상밖으로 나올 수 있다

23 테를지국립공원

레닌동상: 박물관은 살아있다

테를지국립공원에는 아름다운 풍경을 간직한 곳마다 리조트와 몽골 전통가옥인 게르가 들어섰다. 그중에서도 〈테를지호텔〉을 찾아간 건 럭셔리건축상을 여러번 수상했다는 말을 전해들었기 때문이다. 물론 현재의 시선으로 보면 이미 수십 년 전에 지어진 럭셔리 건물이 그 명성에 걸맞지 않게 보일수도 있다. 빛의 속도로 나날이 진화하는 오늘의 시점이 아닌, 상을 받은 그때의 시선으로 바라보면 이 호텔이 왜 수년 연속 럭셔리건축상을 받았는지 짐작된다. 호텔 곳곳의 시설을 둘러보다 호텔 레스토랑 창가에 비친 레닌을 만났다(?).

울란바타르 광장에 설치되어 있던 레닌 동상을 이곳 호텔 정원으로 옮겨 온 건 몽골 민주화와 관련 있다. 구소련이 붕괴하고 사회주의가 역사적 뒤안길로 사라지자 각지에 서 있던 레닌 동상은 철거되었다. 철거된 쇳덩어리가 자리할 수 있는 곳은 그나마 박물관뿐이었다. 똑같은 동상이 어디에 서 있느냐에 따라 그 위상은 달라진다. 한때 울란바타르 시내 한복판에 서서 그 위용을 자랑하던 레닌 동상은 이제 한적한 호텔 정원에 자리 잡아 박물관의 미라가 되었다.

호텔 내 정원에 세워진 레닌 동상

같은 장소 다른 계절

　5일 동안 물 한 모금 마시지 못한 채 홀로 몽골사막을 건넌 탈북민이 있다. 지난 여름 그와 함께 몽골로 떠났다. '탈북의 루트를 거꾸로 걷다'라는 마음으로 그의 노정을 조금이나마 되돌아보고 싶었다. 끝이 보이지 않는 사막의 모래언덕은 그야말로 생과 사를 가르는 단 1미터의 갈림길이었다. 탈북민이 아닌 한국 관광객이라는 신분으로 몽골 여기저기를 함께 다녔다.

　몽골국경수비대에 발각되어 겨우 목숨을 건진 그는 울란바타르로 압송되었다. 몇 시간 째 달려도 광활한 초원밖에 보이지 않던 그 길 위에서 거대한 크기의 기마동상과 마주했던 때를 또렷이 기억하고 있었다.

　어디로 끌려가는지(?) 모르는 불안한 탈북자의 시선으로 바라본 거대한 칭기즈칸 동상은 어떤 느낌이었을까? 북한에서 수천수만 개의 김일성, 김정일 동상을 보며 자란 그에게 칭기즈칸 동상 역시 똑같은 의미였을까? 국경수비대 군인들의 호송차에 실려 바라봤던 동상은 그저 하나의 조형물에 지나지 않았을 것이다. 한국 관광객의 신분으로 다시 찾은 칭기즈칸 동상 앞에서 그는 자유를 만끽한다. 동반자들과 함께 브이(V)를 그리며 사진을 찍기도 하고, 동상 앞에 선 자신의 모습을 셀카로 남기기도 했다. 세상의 모든 존재는 저마다 목적이 따로 있는듯하다.

23 테를지국립공원

호송차에 실려 그가 바라보았을 동상

푸르공은 구소련 시절
지원받은 차량이다.
자동차박물관에서나
봄직한 오래된 자동차지만,
푸르공 타고
고비사막으로 떠나는
감성여행은 젊은이들의
버킷리스트가 되었다.
몽골도로에서 간혹
마주하는 구소련제
차량은 북한에서
현재 운행하는
여전한 일상이다.

그 밖에 둘러볼 곳

평화의 다리

울란바타르시는 툴강을 기준으로 시내와 자이승지역으로 구분된다. 이 두 지역을 잇는 다리가 바로 평화의 다리다. 다리 중간에 가면 조형물이 새겨져 있다. 소련의 지원으로 만들어진 다리로 제2차 세계대전에 참전한 소련과 몽골의 우호를 기리는 의미를 담고 있다. 몽골의 대표 축제인 나담축제, 나담경기장에서 개최되는데 바로 이곳으로 가기 위한 관문 같은 역할을 한다. 양쪽으로 모두 4개의 조형물이 있다.

울란바타르시는 툴강을 기준으로 시내와 자이승지역으로 구분된다

그 밖에 둘러볼 곳

몽골의 한국식당 울란바타르 시내에서 한국식당을 찾기란, 몽골전통식당을 찾기보다 더 쉽다.

그 밖에 둘러볼 곳

그 밖에 둘러볼 곳

몽골의 한인교회

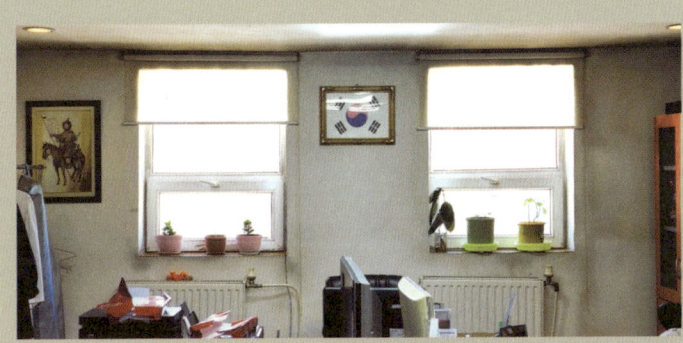

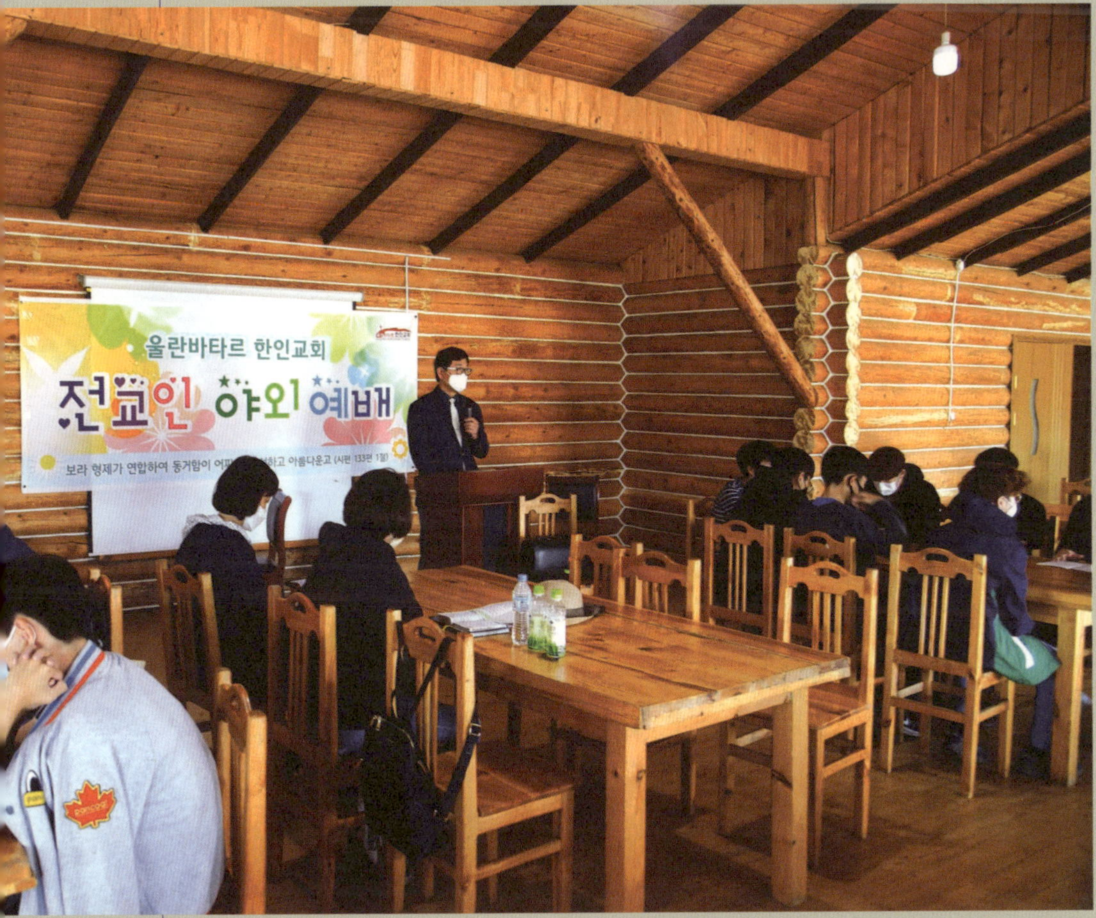
울란바타르 한인교회
전교인 야외 예배
보라 형제가 연합하여 동거함이
아름다운고 (시편 133편 1절)

러시아국경선

02
수흐바타르

몽골종단열차는 몽골 국기색으로 디자인되었다

러시아와 국경을 맞댄 몽골

분단인의 시선으로 몽골이 특별하게 다가오는 건 무엇보다 러시아, 중국과 국경을 맞대고 있기 때문이다. 몽골의 수도 울란바타르 기차역에서 북쪽으로 9시간을 달려가면 수흐바타르 기차역에 닿는다. 몽골 기차로 갈 수 있는 북쪽의 마지막 종착지다. 몽골의 독립운동가 수흐바타르의 이름을 딴 해발 1,124m의 작은 국경 마을로 인구 2만 명이 사는 곳이다. 여기에서 승용차로 갈아타고 약 20분을 달려가면 몽골과 러시아의 국경도시인 알탄불락에 도착한다.

수흐바타르에는 러시아 국경과 마주한 면세구역, 러시아와 몽골의 국경을 이루는 강물이 바이칼 호수까지 이어지는 '세흐니 흐틀', '셀렝게주 박물관', 황량한 초원을 푸르게 가꾼 '유한킴벌리 숲' 등 이채로운 볼거리가 많다. 더욱이 이곳에 사막은 탈북민의 여정을 조금이라도 느껴 볼 수 있는 곳이기에 더없이 의미가 크다.

기차 복도의 조그만 창문을 열면 새로운 세상이 펼쳐진다

수흐바타르로 향하는 9시간의 기차여행은 빛의 속도처럼 빠른 우리네 삶과는 거리가 멀다. 덜컹덜컹, 느릿느릿 그러면서도 다정다감한 간이역마다 정차하며 사람 냄새가 더없이 정겨운 여정이다. 4인실 침대칸에 오르면 낯선 여행객과 마주하는 9시간의 동행자를 만날 수 있다. 생애 처음으로 만난 이들이지만 먹거리를 나누고 금세 한 식구가 된다.

한여름 에어컨은 물론 선풍기 한 대도 없는 객실이지만 열차 내 통 큰 창문을 열어놓으면 광활한 초원의 바람결이 온몸에 묻어온다. 한겨울이면 석탄과 나무를 때서 열기를 더하고 장작 타는 냄새가 기차 안에 또 다른 정겨움으로 퍼진다. 모든 살아있는 것들의 젖 줄기가 되어주는 강물이 초원을 따라 흐르고, 강변을 중심으로 자리 잡은 아기자기한 집과 게르가 몽골의 아름다움을 더해준다.

수흐바타르로 향하는 9시간의 기차여행은 어쩌면 지나온 삶을 되돌아보는, 잠시나마 쉬어가도 좋다는 거꾸로 가는 여정이다.

4인1실로 구성된 침대칸에서는 어떤이와 만날지 알수 없다
9시간의 동행자가 되었던 어느 꼬마손님

몽골 기차는 칸마다 승무원이 배치되어 여정 내내 동행한다

올란바타르에서 수흐바타르까지
9시간의 기차여정

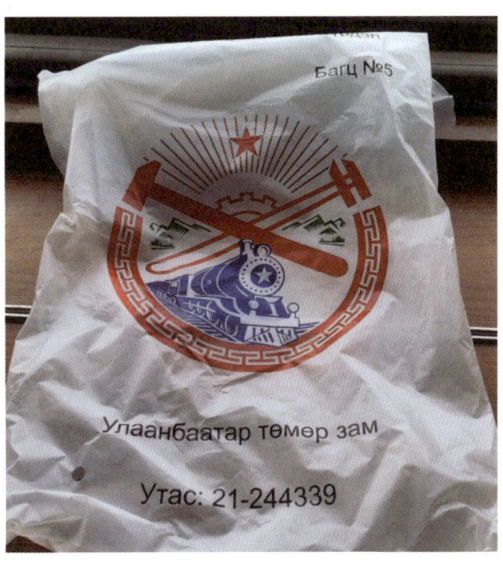

몽골종단열차의 상징

함께 살아가야 할 통일 조국의 사람들...

통일되면 부산에서 출발한 기차가 서울, 평양을 거쳐 유럽까지 이른다는 말을 늘상 한다. 몽골종단열차와 중국횡단열차로 연결되어 대륙을 맘껏 오갈 수 있는 꿈을 꾼다. 하지만 양강도 혜산에 사는 이가, 한반도 제일 북단인 함경북도 온성에 사는 이가 남도의 끝 제주도나 부산을 여행한다는 꿈을 이야기하지는 않는다. 늘 통일을 북한의 지하자원이나 캐고, 철도 레일 정도 깔아 놓을 경유지로 여기기 때문이다. 통일은 남북한 주민 모두가 행복한 여정이어야 한다. 몽골종단열차를 타고 수흐바타르를 지나 러시아로 향하는 9시간의 여정에서 사람을 생각한다. 함께 살아가야 할 통일 조국의 사람들을…

수흐바타르로 향하는 길은 울란바타르 기차역에서 출발한다

울란바타르역에서 출발을 기다리는 수흐바타르행 열차

수흐바타르에서 밤기차를 타고 9시간을 달려오면 울란바타르에서 떠오르는 아침해와 마주한다

수흐바타르 장군의 이름을 딴 수흐바타르 시내광장에는 그의 동상이 세워져있다

초원에 비가 내린다 일년 중 여름 한 때 조금 내리는 비는 몽골에서 축복의 상징처럼 여겨진다

울란바타르기차역 플랫폼

울란바타르에서
수흐바타르로 가는
여정중에 가장 큰 도시인
다르한에 이른다

통일의 눈으로 몽골을 다시보다

01

알탄불락
국경의 작은 마을

⊹ 알탄불락(Altanbulag): 몽골과 러시아 국경마을

　수흐바타르에서 차를 타고 약 40분을 달려가면 몽골 북쪽 마지막 도시인 알탄불락에 도착한다. 한눈에 봐도 국경임을 알 수 있을 만큼 겹겹이 철조망과 펜스가 경계를 이룬다. 러시아와 국경을 맞댄 알탄불락에는 면세구역이 개설되어 있다. 현지 주민들이나 수흐바타르에 관광을 온 사람들이 이곳에 들러 러시아 보드카와 담배, 생필품 등을 면세로 구입한다.

　두 나라 간 국경을 맞댄 곳이기에 삼엄한 경비까지는 아니더라도, 군인들의 매서운 눈매가 자신의 영역을 사수하려는 굳은 결의처럼 보인다. 절대 넘어서는 안 될 경계와 장벽에 익숙한 분단인에게 국경은 그 자체로 긴장감이 엄습하는 두려움의 공간이다. 몽골과 러시아를 오가는 대형 관광버스와 화물차가 연신 국경을 허물고 사람들은 형식적인 입출국 절차에 익숙한 듯 보였다. 땅은 나뉘었지만, 사람은 이어진다. 분단의 설움을 간직한 한반도는 땅도 사람도 하나로 가닿지 못한다. 더 이상 접근하지 말라는 국경 표지판이 마치 날 선 분단의 아픔을 고스란히 말해주는 듯하다.

몽골에서 국경 너머로 보이는 러시아정교회 성당 건물이다. 국경은 그만큼 가까웠다. 분단만 아니라면…

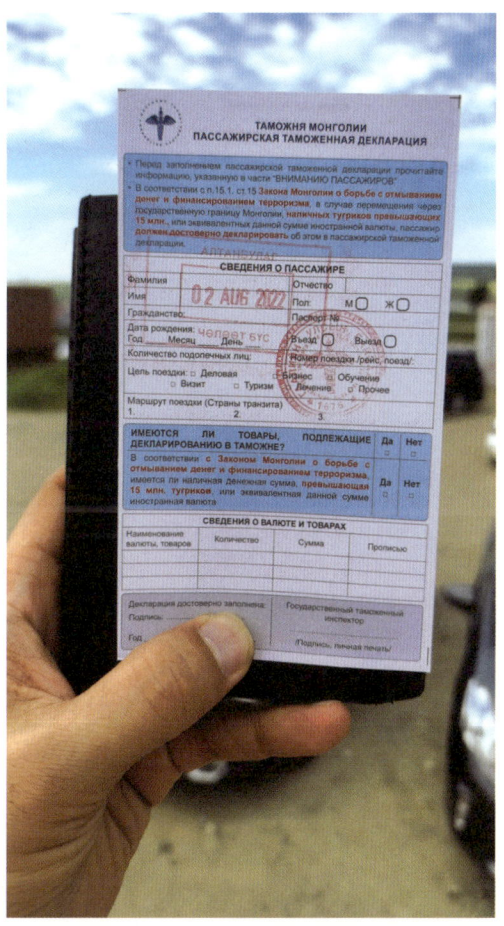

러시아와 몽골 국경의 면세구역

01 알탄불락

02 새흐니 흐틀

바이칼 호수로의 여정

몽골하면 황폐한 사막이나 무성한 풀이 자라나는 초원을 상상하지만 셀렝게 지역만큼은 곡창지대의 풍요로움이 느껴지는 곳이다. 셀렝게 아이막의 주도(state capital)인 '수흐바타르'에는 셀렝게강(Selenga River)을 볼 수 있는 '세흐니 흐틀 전망대'가 있다. 몽골 사람들이 수흐바타르를 찾아오는 건 어쩌면 '새흐니 흐틀' 때문일지도 모른다. 러시아 국경과 마주한 변방의 작은 마을에 굳이 관광객이 찾아올까 싶지만, 새흐니 흐틀에 올라서면 금세 그 이유를 알 수 있다. 셀렝게강이 수흐바타르에서 오르홍강과 만나고 이 강물이 러시아와 국경을 이루며 굽이굽이 흘러 바이칼 호수까지 닿는다. 바람이 머무는 곳이라 해야 할까? 수천 길 낭떠러지 아래 인간의 손길이 닿지 않는 자연은 그야말로 신비로움 그 자체다. 그 옛날 칭기즈칸이 그의 왕비 중 가장 똑똑한 왕비로 알려진 '홀랑 왕비'를 만난 곳으로도 유명하다. 몽골 사람들에게는 마음의 고향처럼 여겨지는 곳이기도 하다.

> 몽골 밀생산량의 60%를 차지하는 곳이어서일까? 이 지역 특산품인 셀렝게 빵은 몽골을 대표하는 빵으로 자리잡았다. 화덕에 직접 구워내 최고 명물이 되었다는 '아므르바이 할머니'의 셀렝게빵(Selenga bread)의 비법을 살짝 엿본다.

02 새호니 호텔

통일의 마음에 닿다

국경에 서다

굽이쳐 흐르는 강줄기를 바라보며 위대한 자연이라는 감탄사 외에는 다른 수식어가 없었다. 하지만 분단인의 눈으로 보면 이 강은 러시아와 몽골의 국경을 이루는 경계선이며, 어떻게 해야 러시아에서 몽골로 탈북 루트가 이어질 수 있을까를 고민하는 곳으로 바뀐다. '하나의 몸짓에 지나지 않던 것이 이름을 불러주었을 때 꽃이 되었다'는 시인의 마음처럼, 국경을 이루는 강은 때로는 아름다움으로, 때로는 삶과 죽음의 갈림길로 다가온다. 수흐바타르를 찾는 많은 관광객 틈 사이에서 분단인의 슬픈 자화상이 더없이 애절해 보이는 이유다.

칭기즈칸이 '홀랑 왕비'를 만난 곳

국경을 감시하는 초소가 자리하고 있다

02 새호니 호텔

03 허여니 엘스

'탈북자'와 '한국 관광객'

'탈북자'와 '한국 관광객', 그 신분의 차이

사막에 들어서는 순간 모래가 이토록 아름답고 고울 수 있을까라는 생각이 들었다. 최소한 사막을 이루는 모래 만큼은 황량함이라 표현하기에는 적절하지 않은 듯했다. 손에 잡으면 금세 빠져나가는 고운 빛깔의 모래는 바람에 실려 초원을 누볐다. 사막의 고운 빛깔이 푸른 하늘과 어우러져 신비로움을 더했다.

발이 모래에 묻히고 걸음을 옮기기가 버겁다는 걸 느꼈을 때 비로소 그들에게는 생과 사의 처절한 갈림길이었다는 사실이 불현듯 떠올랐다. 미안하고 부끄러웠다. 난생처음 보는 사막의 신비로움 앞에 한껏 들떠 이리저리 사진을 찍어대던 나였다. 어떻게 이런 아름다움이 있느냐며 감탄사를 연발하던 모습은 또 어떠했던가. 절로 고개가 숙어졌다.

그토록 미안한 마음이 들었던 건, 물 한 모금 마시지 못한 채 5일 밤낮을 꼬박 걸어 사막을 건넜다는 그가 곁에 있었기 때문이다. 탈북민이라 불리는 바로 그가.

중국, 러시아와 국경을 마주한 몽골은 강과 사막이 경계선을 이룬다. 사막 위에 놓인 발걸음마다에는 자유를 향한 처절한 몸부림이 오롯

03 허여니 엘스

이 스며있다. 몽골사막을 통해 탈북했다는 그와 함께 그 길에 다시 섰다. 오직 중국 국경만 벗어나자는 마음으로 5일을 내달렸던 그의 걸음이 몽골 군인에게 발각된 건 생의 시작이자 기적이었다.

그때는 몸부림이었고 지금은 말 그대로 거닐러 봄이다. 똑같은 장소에 똑같은 사람이지만 탈북자와 관광객이라는 신분의 차이가 생과 사를 오간다. 우리가 지금 발 딛고 선 몽골사막은 그때 이곳을 지나가지 못하고 생을 마감한 누군가의 시간이다.

그의 손을 꼭 잡고 사막의 능선을 올라가 보았다. 푹푹 발이 빠져 한 걸음 옮기기도 벅찬 걸음이었지만 지금은 그저 체험에 불과하다. 그토록 살고자 했던, 그날의 몸부림은 비로소 오늘 자유로 안겨 왔다. 그와 함께 한 몽골 여행, 내 생애 가장 아름다운 기억이라 해도 좋을 듯했다.

그날의 몸부림은 비로소 오늘 자유로 안겨 왔다

04 셀렝게 주 박물관

몽골의 국민영웅

몽골의 국민 영웅인 '담디 수흐바타르'의 고향마을이기 때문일까? 셀렝게 주 박물관 마당에서 제일 먼저 눈에 띄는 건 수흐바타르동상이었다. 박물관 내부에는 수흐바타르장군과 관련된 자료가 전시되어 있다. 박물관에 들어서면 몽골의 수교국을 표시한 지도를 볼 수 있다. 지도에는 몽골과 두 번째로 수교한 북한이 선명하게 표시되어 있고 숫자 2를 표기해 두었다. 몽골에서 생산하는 대표적인 공산품을 전시해 놓은 것도 흥미로웠다. 러시아와 국경을 맞댄 작은 도시 수흐바타르, 비록 구 소련의 지원을 받았지만, 몽골인만의 자부심을 보여주려는 손길처럼 보였다.

현지 주민은 수흐바타르 동상 앞에 설때마다 경례를 잊지 않았다

몽골은 북한과 두 번째로 수교를 맺었다
북한 지도 위에 숫자 2가 새겨져 있다

04 셀렝게 주 박물관

05

유한킴벌리 숲

남북한 산림협력을 위한 가늠자

　울란바타르에서 북쪽으로 320km 떨어진 토진나르스 지역에는 유한킴벌리 숲(Yuhan-Kimberly Forest)이 있다. '우리 강산 푸르게 푸르게'를 기업 로고로 녹색 지구를 표방하던 기업이 몽골 숲 가꾸기를 통해 지구 환경의 가치를 높이고 있다. 이 사업이 진행된 토진나르스 지역은 "끝없는 소나무 숲"이라는 의미로 원래는 푸른 초원이었다. 1990년대 두 번에 걸친 대형 산불로 숲은 황폐해졌고, 불법 벌채와 해충 피해로 산림의 70%가 심각하게 훼손되었다. 몽골 환경자연부의 요청으로 지난 12년(2003년-2014년) 동안 한국의 유한킴벌리와 동북아산림포럼이 산림복구 사업을 시작해 여의도의 11배에 해당하는 총 3,250ha 면적에 1,013만 그루의 나무를 심었다. 2015년부터는 나무를 심은 지역을 대상으로 몽골 최초의 숲 가꾸기 기술을 진행하고 있다. 사막화 방지는 물론 동북아지역의 산림환경문제개선, 생활향상 등을 동시에 충족하는 효과가 있다. 2018년에는 숲과 생물 다양성을 탐구할 수 있는 '생태타워'를 세우고 탐방 교육장을 조성했다.

　황량한 사막과 광활한 초원밖에 보이지 않는 대륙의 땅에서 하늘 향해 자라난 아름드리나무와 숲을 보는 건 참 다행스러운 풍경이었다. 유한킴벌리 숲에 이르는 길은 울퉁불퉁 비포장도로. 풀 한 포기, 나무 한 그루 자라기 어려울 것 같던 사막에 길을 내고 울창한 숲을 가꾼 손길들

유한킴벌리숲으로 향하는 길은 거친 비포장길을 내달려야 한다
이런 황폐함이 푸른 녹색지역으로 바뀌었다

사막 한 가운데서 물을 만나다

을 되돌아본다. 몽골이 현재 10억 그루 나무 심기 프로젝트를 추진 중이라는 말을 들으며, 북한의 민둥산이 떠올랐다. 황무지와 같은 사막을 생명의 땅으로 만든 인간의 노력이지만, 정작 이념의 굴레에 갇혀 나무 한 그루조차 맘껏 심고 가꿀 수 없는 것이 한반도의 산림이다. 황폐한 북한의 산림 실태를 고려하면 몽골 숲 가꾸기는 통일 미래의 사업을 구상하는 가늠자다. 남북한 산림협력 방안과 통일양묘장 조성 등 그린데탕트를 구현할 수 있는 최적의 장소다.

실제로 현지 관계자의 말을 빌리면 북한의 산림 관련 기관 일꾼들이 이곳 유한킴벌리 숲을 방문해 나무심기와 양묘에 대한 내용을 연구했다고 한다. "우리 강산 푸르게 푸르게"라는 기업의 가치가 남북한의 황폐함을 초록으로 물들여 하나로 엮을 수 있는 실천의 장이 되기를 간절히 기대해 본다. '몽골 숲 희망을 그리다'라는 기업 캠페인 로고가, 분단인의 시선으로는 '몽골 숲 통일을 그리다'로 읽힌다. 몽골 숲에서 남북한 산림협력의 가능성을 엿본다.

숲과 사람 그리고 평화

중국국경선

03

자민우드

북경-울란바타르-모스크바로의 여정

중국과 국경을 맞댄 몽골

울란바타르에서 남쪽을 향해 13시간 기차를 타고 가면 자민우드(Zamiin-Uud) 기차역에 이른다. 몽골 기차로 갈 수 있는 남쪽 지역의 마지막 종착지로 중국과 국경을 맞대고 있다. 기차역에서 걸어서 10분 정도 거리에 중국 국경을 넘을 수 있는 국경세관이 자리하고 있다. 몽골과 중국의 국경 현황을 살펴보거나, 실제 중국 종단열차를 이용하기 위함이 아니라면 자민우드는 여행객의 발길이 많지 않은 곳이다. 걸어서 한 시간 정도면 마을 전체를 둘러볼 수 있을 만큼 작은 국경도시라 관광을 목적으로 13시간 기차를 타고 가는 건 무리다. 더욱이 13시간 동안 차창 밖으로 보이는 풍경은 그야말로 황량함 그 자체다. 계절마다 옷을 갈아입는 초원의 신비로움도 은하수 쏟아지는 밤하늘의 낭만도 찾아보기 어렵다. 수흐바타르에 이르는 9시간의 여정과 비교하면 그야말로 황량한 초원길을 하루 반나절 보면서 가야만 하는 고욕이다.

자민우드로 향하는 13시간의 기찻길은 그야말로 황량함이었다. 초원의 모든 것이 얼어붙는 겨울의 초입이어서 그랬을까? 한여름 녹색의 초원은 가을색으로 갈아입었다. 울란바타르에서 오후 5시경에 출발하는 자민우드행 기차는 계절을 달려간다. 석양을 뒤로 어둠이 짙게 깔리고 밤새 기차는 광활한 초원을 내달렸다. 4인용 객차의 2층 침대 좌석에 누워 달리는 기차에 몸을 맡길 뿐이다. 칙칙폭폭 낭만처럼 들려올 느린 기차 경적은 깊은 잠에 빠지지 말라는 신호처럼 들리고, 한겨울 난방을 위해 석탄을 가득 넣은 기차 내 난방장치로 인해 매캐한 냄새가 기차 안 가득하다. 국경을 향해 달려간다는 그 설렘과 기대가 아니었다면 굳이 왜 이 기차에서 고생스러운 하룻밤을 보내야 할까? 하는 마음이 더없이 커지는 시간이었다.

몽골 남쪽 끝자락의 국경도시 자민우드는 몽골어로 '길의 문'을 뜻한다. 중국 북경과 몽골 울란바타르를 연결하는 교역로의 중간 지점이다. 자민우드 광장에서 택시를 대절해 마을 이곳저곳을 둘러보았다. 기차역에서 종종걸음으로 10여 분 정도면 닿을 수 있을 만큼 가까운 곳에 국경초소가 있었다. 국경초소를 기점으로 너른 들판에 끝도 알 수 없을 만큼 철조망으로 경계를 지어놓았다. 손가락으로 초원 너머를 가리키며 '에렌'을 반복하는 택시기사의 설명으로 중국 '에렌호트(Erenhot)'임을 알 수 있었다. 중국에서 국제버스를 타고 러시아를 오갈 때도, 몽골에서 택시에 앉아 중국을 바라보는 지금도 국경은 그렇게 늘 가까이 있었다. 허락된 자만이 지날 수 있는 일종의 통과의례가 있기는 하지만 그래도 건너지 못하는, 건너서는 아니 될 경계는 아니었다. 조그만 섬나라에 갇혀 분단의 장벽을 마주한 분단인에게 국경은 늘 가슴 아픈 막힘으로 다가온다.

몽골 국경세관 신축 공사현장 너머로 중국 에렌시가 희미하게 보인다

자민우드에서 울란바타르에 이르는 길은 광활한 초원에 단 하나의 길 만이 존재한다

자민우드로 들어가는 입구

몽골과 중국간 국제운송을 위해 대형화물차가 즐비하다

가을이 오면 푸르른 초원은 옷을 갈아입고 겨울을 준비한다

북경-울란바타르-모스크바로의 여정

　기차역이나 공항에 가면 흔히 볼 수 있는 전자식 안내판이 아니었다. 그 옛날 시골 간이역에서나 보았을 낡고 오래된 안내판이 기차역 한 켠에 내걸려 있었다. 자민우드에서 울란바타르까지는 매일 운행하는 기차와 달리 요일별로 운행 기차가 달렸다. 행선지를 보고 깜짝 놀랐다. 매주 수요일 01시 25분에 떠나는 3번 기차는 북경(Beijing)에서 울란바타르(Ulaanbaatar)를 거쳐 모스크바(Moscow)까지 이르는 여정이었다. 통일되면 북한을 지나 대륙과 연결된다는 바로 그 종단열차. 중국과 몽골과 러시아를 잇는다는 기차는 그리도 대단한 일이 아닌 것처럼 낡은 안내판에 걸린 목적지 정도에 불과했다. 1주일에 한 번씩 일상적으로 오갈 수 있는 국경 너머가 우리에게는 늘 통일 미래의 꿈이었다. 중국에서 출발해 몽골을 지나 모스크바까지 이르는 길, 생각만으로도 대륙의 기상이 넘치는 여정처럼 다가온다.

통일의 눈으로 몽골을 다시보다

СУУДЛЫН ГАЛТ ТЭРЭГНИЙ ЦАГИЙН ХУВААРЬ
TRAIN SCHEDULE
Галт тэрэгний дугаар PASSENGER CAR NUMBER
Чиглэл Destination
Цаг-Time
Аялах өдрүүд Traveling days
3
Бээжин–Улаанбаатар–Москва Bejing-Ulan-bator-Moscow
01:25 02:40
Лхагва Wednesday
4
Москва–Улаанбаатар–Бээжин Moscow-Ulan-bator-Bejing
Ням Sunday
23
Бээжин–Улаанбаатар Bejing-Ulan-bator
Бямба Saturday
24
Улаанбаатар–Бээжин Ulan-bator-Bejing
Пүрэв Thursday
22
Улаанбаатар–Замын–Үүд Ulan-bator-Zamin-Uud
21
Замын–Үүд–Улаанбаатар Zamin-Uud-Ulanbator
21:35
Даваа,Баасан Monday,Friday
34
Улаанбаатар–Замын–Үүд–Хөх хот Ulan-bator-Zamin-Uud-Huh hot
8:30
33
Хөх хот–Замын–үүд–Улаанбаатар Huh hot-Zamin-Uud-Ulan-bator
21:35
Мягмар,Бямба Tuesday,Saturday
685/686
Замын–Үүд–Эрээн Zamin-Uud-Erlian
17:35 10:00
Даваа,Баасан Monday,Friday
681/682
Замын–Үүд–Эрээн–Хөх хот Zamin-Uud-Erlian-Huh hot
Мягмар,Бямба Tuesday,Saturday
275/276
Замын–Үүд–Улаанбаатар Zamin-Uud-Ulan-bator
Өдөр бүр Every day

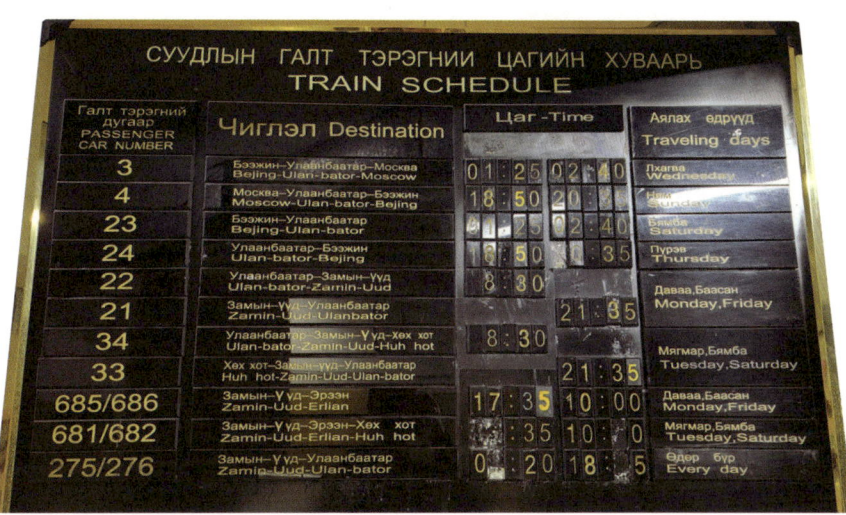

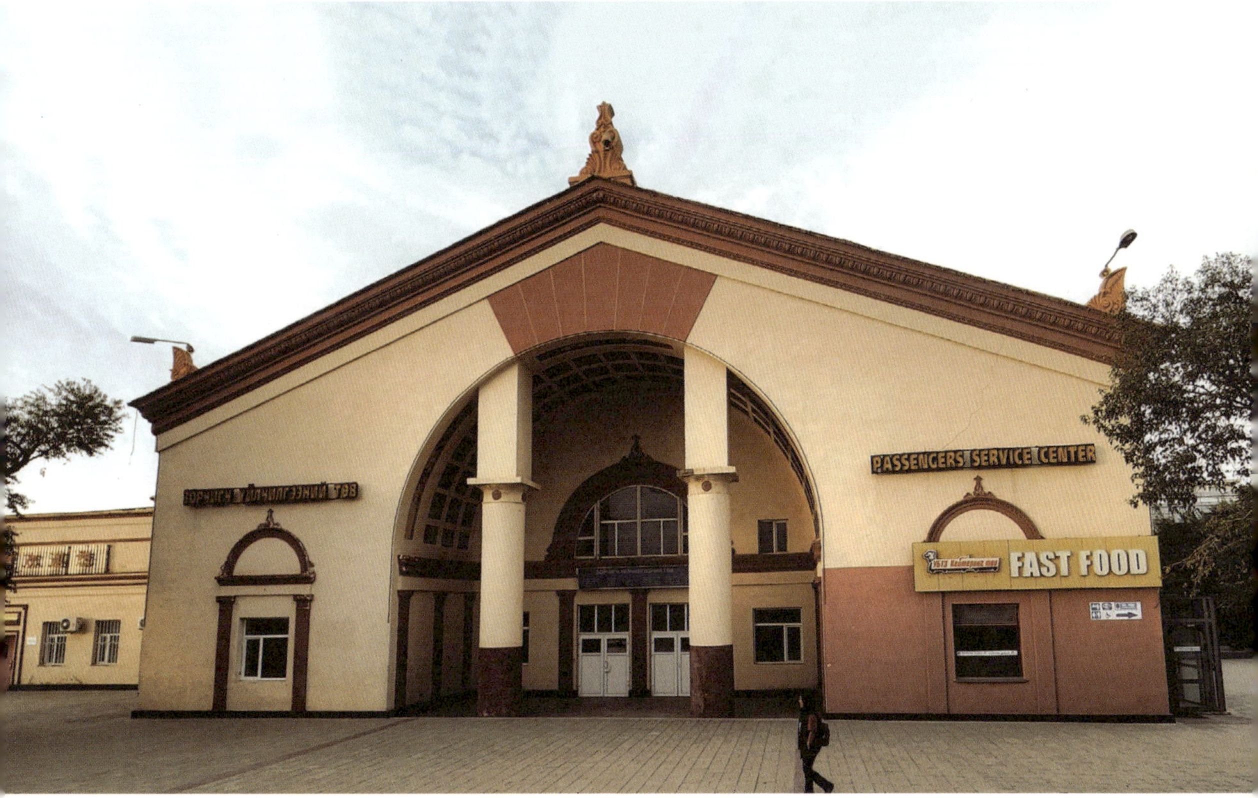
PASSENGERS SERVICE CENTER
FAST FOOD

EPILOGUE

나가며

몽골공항에서 한국행 비행기를 기다리며

공항은 떠나는 이와 돌아오는 이들의 애환으로 채워진다. 몽골 칭기즈칸 국제공항에서는 유독 한국행 비행기가 많다. 12시 40분 대한항공, 13시 에어부산, 13시 20분 아시아나항공, 14시 45 몽골항공까지 연이어 떠나는 그들의 최종목적지는 모두 한국이었다. 목적지는 같지만 저마다 떠나는 발걸음의 무게는 다른듯하다.

그들에게 한국은 어떤 곳일까? 몽골어로 한국은 솔롱고스, 무지개라는 뜻이다. 한바탕 소나기가 지나고 찬란한 무지개가 온 대지를 감싸듯 그들에게 한국은 정녕 무지개 같은 곳일까?

어떤 목적으로 한국에 가든 설렘 가득한 표정에서, 여권과 탑승권을 손에 들고 공항 인증샷을 찍는 그들의 모습을 보며 불현듯 북한사람들이 떠올랐다. 이곳 몽골에서도 분명 북한사람들이 있다는 사실을 잘 모른다. 해외 북한식당, 건설현장, 병원, 캐시미어 공장까지 그렇게 수 천 명의 북한사람들이 이곳 몽골로 보내졌다. 충성의 외화벌이로 불리는 그들에게 몽골은 과연 어떤 곳이었을까?

몽골 칭기즈칸 국제공항에서 비행기를 기다리며 공용 와이파이존에 접속했다. 국적과 나이, 여행목적을 묻는 간단한 문항에 답하면 무료와이파이를 이용할 수 있었다. 그런데 국적을 체크 하는 문항에는 두 개의 korea가 표시되었다.

Korea South와 Korea North.
그들에게 그리고 우리에게도 분명 코리아는 하나가 아니었다.

언젠가 해외 북한식당 여종업원으로부터 질문을 받은 적이 있다. 해외에 나가 조국이 어디냐 누군가 묻는다면 무엇이라고 대답하겠냐고. 한 치의 망설임 없이 코리아라고 대답하겠다고 말했다. 내 조국은 분명 코리아이기에. 그런데 그 북한 여성의 대답에 할 말을 잇지 못했다.

"선생님 우리는 분명 하나의 코리아가 아닌걸요."

그랬다. 우리는 우리라 말할 수 없는, South와 North를 구별 지어야 하는 분단의 사람들이었다.

낯선 타국에서 조국으로 돌아가는 발걸음에 분단의 무게만이 켜켜이 쌓인다. 바스락거리는 마음을 애써 위로하며 반쪽 조국으로 날아간다. 나머지 반쪽은 남겨둘 수밖에 없다. 언젠가 곧, 반드시 함께할 그 날을 간절히 기도하며.

"지나온 그 기슭에 남긴 것 없다면,
우리 어이 웃으며 돌아갈 수 있으랴"

SINCE 2015

너나들이는 서로 너 나하며 허물없이 지내는 사이를 일컫는 순우리말입니다.
도서출판 너나드리는 남북한 사람들이 서로 그런사이가 되기를 바라는 희망을 안고
통일 북한 전문 출판을 통해 하나의 길을 만들어갑니다.